Σ BEST シグマベスト

専門学校受験

看護医療系の
志望理由書・面接

神﨑史彦 編著

これで
合格

JN072811

文英堂

｛ はじめに ｝

　この本を手に取っているということは，キミは看護医療系の専門学校を目指しているのだと思います。私は，人の命や幸せを自らの手で作り上げようとするキミの思いを応援したいと思います。だからこそ，このあとの文章をよく読んでください。

◆看護医療技術系の仕事に就きたいと思ったのはなぜですか。

　「幼いころに看護師さんにやさしくしてもらったから」「憧れの仕事だから」「学校のパンフレットを見ていて偶然出会った」…。理由は人それぞれでしょう。しかし，何のためにその仕事に就きたいのでしょうか。

◆仕事に就く目的は何でしょうか。

　人を救うためですか？人を笑顔にしたいからですか？でも，そうした仕事は他にも数多くあります。その中で，なぜ看護医療という仕事にこだわるのでしょうか。そう尋ねると，多くの受験生が言葉に詰まるのです。

◆医療の世界を知ろうとしていますか？

　看護医療という仕事に就く目的をよりはっきりとさせるためには，医療の現場を見つめるしかありません。現場ではどういう問題や課題があるのか，自分の目でよく見つめ，「ここをもっと知りたい！」「ここは変だ！」という興味や違和感を持つことが大切です。自分で情報を収集したり現場の医療者にヒアリングをしたりしながら，医療者の仕事のいい面も悪い面もすべて知って，「この仕事なら，こういう人に，こういう貢献ができる！」と気づけるのです。

　せっかく「これだ！」という仕事に出会えそうなのです。だからこそ，「なぜ医療者を志すのか」，しっかり自分自身に問いかけてほしいのです。そうしたことをしっかり考え抜けると，キミが医療者として生きる「意味」がわかってきます。それが他の人とは明らかに異なる，志望理由や自己アピールや面接の返答になるでしょう。その源は「なぜ医療者になりたいのか」「自分は何者なのか」を考え抜くことに尽きます。キミにはこの本でそれらをしっかり考え抜いてほしいと思っています。最後まで誠実な熱意を持って格闘してください。応援しています！

神﨑　史彦

この本の特色と活用法 ・・・・・・・・・・・・・・・・・・・・・・・・・・・・・

Stage 1　人物評価の重要性を理解して，この本で学ぶ準備を始めましょう。

Stage 2　志望理由書の書き方をマスターします。
・押さえなくてはいけないポイント WDS　← item 3, 4, 6, 7
・医療技術の習得に当たって，確認しておくべき医療職　← item 5
・模範的な志望理由書 3 点　← item 8, 9, 10
　　模範例だけではなく，キミたちが書きがちなイマイチ（BEFORE）の志望理由
　　書も挙げています。模範例（AFTER）と比較して，どこがよくないか，あいま
　　いか，足りないか，余計か，などを考え，志望理由書を自分のものにしましょう。
・指定文字数が少ない場合　← item 11

Stage 3　自己 PR 文の書き方をマスターします。
この stage の構成は Stage 2 と同様です。
・押さえなくてはいけないポイント TKI　← item 12, 13, 14, 15
・模範的な自己 PR 文 3 点　← item 16, 17, 18
　　志望理由書の場合と同様，イマイチな例（BEFORE）と模範例（AFTER）を挙げ
　　ています。読み比べて，自己 PR 文を自分のものにしましょう。

Stage 4　面接試験の受け方をマスターします。
・面接試験の意義　← item 20
・面接試験の流れ　← item 22
・面接を受けるに当たっての服装や対応の仕方　← item 21, 23, 24, 25
・よく質問される内容とその回答　← item 26
　　ここでは，模範回答だけでなく NG 回答も示しました。参考にして，自分の回
　　答を用意しておきましょう。
・面接試験の再現　← item 27
　　集団面接と個人面接の例を挙げています。実際に自分が受けている気持ちにな
　　って読んでみてください。

Contents

準備をしよう

これで
合格

Stage1

item 1 なぜ看護医療系学校では 人物評価を行うのか

看護医療系学校の入試スタイル

看護医療系学校に入学するには，入試(入学試験)に合格しなければなりません。その入試にはおおまかに分けて2種類のスタイルがあります。**一般選抜**と総合**型・学校推薦型選抜**です。それぞれ，どういう試験なのか，またその内容を説明します。自分に合った入試方法を見極めましょう。

➕ 一般選抜

看護医療系学校の一般選抜では，**学科試験**(英語・国語・数学・理科・小論文・作文など)が課されます。そして，**書類審査**(志望理由書など)や**面接試験**が行われることが多いのが特徴です。試験は1月から3月に行われます。

> 一般選抜では，学科試験とともに，書類審査と面接試験が行われる。

学科試験が悪いときはもちろん不合格になりますし，**学科試験がよくても提出書類や面接試験で失敗すると不合格になることがあります**。学校によっては，「面接試験の評価が最低ランクの場合は，学科試験の結果がよくても不合格にする」というところもあるくらいです。

学科試験の準備もしっかりとすべきですが，一方で人物評価に対する対策も手を抜かないようにしましょう。

> 熱意を伝える
> 方法は？

総合型・学校推薦型選抜

総合型・学校推薦型選抜は，一般選抜に比べて比較的早い時期に行われます。これらの試験は，夏から秋にかけて出願し，秋に試験があり，その年のうちに合格者が発表されるのが一般的です。これらの入試では，**高校での学業成績**や**小論文・作文**とともに，**志望理由書**や**面接試験**といった**人物評価**が重視されます。

> 学校推薦型選抜…高校から推薦を受けて受験する入試。
> 総合型選抜 …学生を様々な視点から評価するスタイルの
> 　　　　　　　入試。

●学校推薦型選抜（指定校制）
専門学校が高校に推薦枠を与え，**高校が受験生を学校側に推薦**します。そして，多くの看護医療系学校の推薦条件として，高校での成績が一定の水準を満たしていることが求められます。ですから，指定校制での学校推薦を目指すならば，ふだんからよい成績をあげておく必要があります。

●学校推薦型選抜（公募制）
出願資格さえクリアすれば，**誰でも受験できる推薦入試**です。多くは**高校の学業成績**，**小論文・作文**，**志望理由書**，**面接試験**などによって合否が決まります。

●総合型選抜
学力だけでなく，受験生の能力が様々な側面から評価されます。多くの看護医療系学校では人物評価（**志望理由書**，**面接試験**，グループディスカッションなど）で合格者を決めます。

学科試験と人物評価

看護医療系学校の入試では，学科試験と人物評価が行われます。

> **学科試験**…医療職に就く際に必要な学力があるかどうかを見る試験。
>
> **人物評価**…医療職に向いているかどうかを見る試験。「志望理由書」「面接試験」が課されることが多い。

　受験と言うと，英語や国語，数学のような**学科試験**をイメージするでしょう。こうした試験は**高校までに身につけた学力を確認**するためにあります。また，出願のときに調査書（高校が，受験生の成績や活動について述べた書類）の提出が求められますが，これも同様に高校でしっかりと基礎的な学力や生活態度を身につけているかどうかを見るために用いられます。そして，実際に看護医療の技術を身につけるために勉強するときには，高校までの学習内容や知識が非常に役立ちます。

　しかし，**学科試験や調査書では受験生が医療職に向いているかどうかを見抜くことはできません**。ですから，看護医療系学校の入試では**「人物評価」**を試験に含めることが多いのです。出願のときに**志望理由書**（なぜその学校を選んだのか，なぜ医療職を志したのかを説明する文書）を提出させたり，**面接試験**で医療職に向いているかどうか確認したりするのは，そういう理由があるからです。

なぜ看護医療系入試で人物評価が行われるのか

 看護医療系学校の入試では，書類選考（**志望理由書**など）や**面接試験**を通して人物評価が行われるということは話しましたね。では，なぜそうした評価を行うのでしょうか。その理由を考えてみましょう。

看護医療系学校の役割

看護医療系学校への入学は，医療の仕事に就くことと直結します。

> 「この受験生は医療職に就いて大丈夫か？」を見たいというのが学校側の本音。

　学校で専門的な技術を身につけ，関連する資格を取り，就職するわけです。特に医療系の資格取得率はおおむね高く，求人も数多くありますし，学校から就職先の斡旋(あっせん)が受けられることもあります。したがって，就職は他の職種と比べて有利です。

　そうなると，学校側は責任重大です。なぜなら，医療職に就くのにふさわしくない学生を求人先に送り出すわけにはいかないからです。だから，入学の時点で「この受験生は本気で医療職に就きたいと考えているのか」「看護医療系学校の勉強についていけるか」「医療職に向いているか」ということを見抜いておきたいというのが，学校側の本音と言えるのです。

志望理由書

　多くの看護医療系学校では，**「志望理由書」**という文章を提出するように求められます。主に，「なぜこの学校を志望校に選んだのか」「そもそも，なぜ医療職を選んだのか」ということを書くように指示されます。看護医療系学校の試験では「この受験生は医療職に就いて大丈夫か？」ということを見ようとしているわけですが，この文章を見ると，**あなたが進学や就職に対してどれだけ真剣に向き合っている**のかがよくわかります。

> 志望理由書とは「なぜこの学校を志望校に選んだのか」「なぜ医療職を選んだのか」を説明する文章。

　具体的に言うと，「医療職に就くに当たって，どのようなことを，どのように，どこまで深く考えてきたのか」「医療職に就く人に求められる人間性を身につけているか」「看護医療系学校での勉強に耐えられるだけの力を持っているのか」「これからもしっかりと成長できる人か」ということがとてもよく表れた文章と言えるでしょう。

「志望理由書」の書き方は，p.22から説明するわね！

「看護師さんになりたいです！」とかって，書けばいいだけじゃないのぉ？

ダメダメ！どれくらいなりたいって思ってるか，ちゃんと伝わるように書かないと！一緒に勉強しよ！

自己PR文

学校によっては「自己PR文」の提出を求められます。また、面接試験でも自己アピールが求められることがあります。自己PR文とは、学校に自分のよいところを示す文章のことです。志望理由書と同じように、学校側はそれを見て、受験生が自分の学校に入るのにふさわしいかどうかを判断する材料とします。

> **自己PR文とは、自分が入学するのにふさわしい人物であることを説明する文章。**

注意したいのは、「入学するのにふさわしいと思える人物」であることを表現することです。こうした学生像は学校によって異なりますが、どの学校も「**ほかの学生の模範になる人を求めている**」と言ってよいでしょう。これを裏返せば、「私はこの学校で学ぶのにふさわしい人物だ」という内容が、**志望校の先生に伝わるように**書かれていれば合格しやすいということです。

では、「ほかの学生の模範になる人」とはどのような人なのでしょうか。それは、

① 自分のよいところを見つけて、それを伸ばし、入学後や仕事に就いたあとに活かしたいと思っている人

② ふだんから医療に感心を持ち、よりよい医療者になりたいと思って、自分を成長させている人

と言えます。つまり、**自分自身の長所を伸ばし、医療に活かすことができる人**ということです。

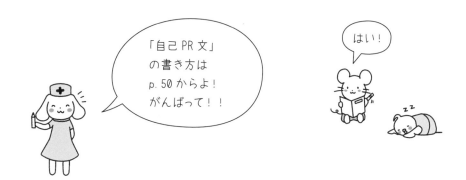

「自己PR文」の書き方はp.50からよ！がんばって！！

はい！

面接試験

　面接試験は，受験生に直接質問を投げかけて，その答えを聞くスタイルの試験です。面接官は，志望校の先生方です。先生方はその受け答えの様子を観察し，医療職に就くのにふさわしい人か，入学させるべきかを判断します。

> **面接試験とは，医療職に就くのにふさわしいか，入学させるべきかを判断する試験。**

　それらを見抜くための質問は数多くあります。よく問われるのは**志望理由**です。「なぜ〇〇という仕事に就こうと考えたのですか」「なぜわが校を選んだのですか」「あなたが〇〇に向いていると言える理由を説明してください」などと尋ねられます。また，「あなたのことをアピールしてください」といった自己アピールを求められたり，「好きな教科は何ですか」「学校生活で印象に残った出来事は何ですか」といった高校生活に関わる事柄をもとにして，あなたがどういう人物なのかを探ろうとしたりします。医療に関するニュースや用語について尋ね，**ふだんから医療について関心を持っているかどうか**を試されることもあります。

　こうした質問はすべて，「あなたが医療職に向いているか」「入学にふさわしい人物か」を判断するためにあるものです。

やったぁ！

わお！

「面接試験」の
すべては，
p. 70 から
丁寧に説明して
いるからね！

🧰 人物評価への対策をしっかりやるメリット

　志望理由や自己アピールを考えたり，面接試験の対策をしたりするときには，**自分のことを振り返るという大変な作業**が伴います。しかし，その一方で，受験生にとって大きなメリットがあります。それは，**看護医療系学校に入学したあと**の勉強や，実際に仕事に就いたときに，自分から「がんばろう！」と思えるようになる点です。

 人物評価の対策によって，看護医療系学校で学ぶ意欲や，仕事をやり抜こうという気持ちが芽生える。

　医療職の仕事は肉体労働であり，精神的な負担も強いられます。また日々進歩する技術を習得しなければならず，職場の人材不足などで過度な労働を強いられることもあります。その点で，かなり負担の大きい職業と言えます。また，学校では，優秀な医療者を育成するために，過密なカリキュラムが組まれています。レポートや実習に追われ，かなりハードな学生生活になります。つまり，学校に進学したあとは，精神的にも肉体的にも過酷な生活が待っているのです。だから，夢半ばにして挫折し，医療職をあきらめる人が多いのも現実です。

　こういうときに心の支えになるのが，**志望理由や面接試験の対策で得られた成果**です。過去の経験を思い出し，自分を深く見つめなおします。自分の長所はどこかを振り返ります。どういうことに興味があるのか，今までなぜがんばってこれたのかを振り返ります。そうやって，「何のために医療の現場で働くのか」「どのような理想を持っているのか」という**想いをしっかりとしたもの**とするのです。すると，**厳しい学校生活やつらい仕事は将来の私にとってとても大切なもの**なのだ，と捉えることができるようになります。こうして，やり抜く力を手に入れられるようになるのです。

実際に書くときの注意点（表記・表現上の注意）

原稿用紙の使い方

　志望理由書や自己ＰＲ文では，原稿用紙に書くように指示されることがあります。原稿用紙の使い方を誤ると，減点対象になったり，悪印象を与えたりする恐れがあるので，志望理由書を書く際には必ず原稿用紙の使用に関するルールを確認しましょう。

私①	は	小	児	看	護	専	門	の	看	護	師	に	な	り	た	い	。	健	康
な	子	供	達	に	比	べ	、	制	限	の	多	い	子	供	の	Ｑ②Ｏ	Ｌ	を	尊
重	し	、	寄	り	添	え	る	看	護	師	に	な	り	た	い	。	こ	の	た
め	に	必	要	な	知	識	や	技	術	、	他	者	を	尊	重	す	る	姿	勢
を	学	び	た	い	と	思	う	。	だ	か	ら	、	私	は	〇	〇	看	護	専
門	学	校	を	志	望	し	た	。											
	私	は	、	子	供	の	と	き	に	入	院	し	た	経	験	が	あ	る	。
担	当	の	看	護	師	の	方	は	、	闘	病	の	辛	さ	だ	け	で	な	く
、③	寂	し	さ	や	不	安	を	取	り	除	い	て	く	だ	④さ	っ	た	。	そ	れ
以	来	、	将	来	の	夢	は	看	護	師	に	な	る	こ	と	に	な	っ	た。
	貴	校	は	、	教	育	目	標	で	『⑤	人	と	し	て	の	権	利	を	尊
重	し	て	行	動	で	き	る	人	材	を	育	成	し	た	い	⑤』	と	掲	げ
て	お	ら	れ	る	。	ま	た	、	小	児	看	護	に	も	力	を	入	れ	て
お	ら	れ	る	の	で	、	子	供	の	実	態	に	即	し	た	看	護	を	実
践	で	き	る	力	を	身	に	つ	け	る	こ	と	が	で	き	る	と	考	え
る	。	学	校	説	明	会	で	出	会	っ	た	学	生	の	方	々	は④	、私	を
気	遣	っ	て	親	切	に	接	し	て	く	だ	さ	っ	た	！⑥	貴	校	に	入
学	し	、	こ	の	よ	う	な	す	ば	ら	し	い	先	輩	方	を	目	標	に
し	て	、	子	供	の	人	権	を	尊	重	し	な	が	ら	行	動	で	き	る
人	間	に	成	長	し	、	理	想	と	す	る	看	護	師	に	な	り	た	い。⑦

① 書き始めや段落を分ける場合には，最初の１マス目を空白にします。ただし，１マス目から書くように指示されている場合は，その指示にしたがいましょう。

② 横書きの原稿用紙で数字を用いる際は，漢数字とアラビア数字（１，２など）のどちらも使用できます。アルファベットや単位記号（km など）も使えます。アラビア数字やアルファベットを書くときは，１字ならば１マス１字，２字以上であれば１マス２字で記すのが一般的です。奇数の字数の場合，１マスに１字を書くのは最後の文字にしましょう。

縦書きの場合，数字は漢数字（一，二など）のみを用い，１字に１マス使用します。アラビア数字は使いません。アルファベットや単位記号はなるべく用いず，カタカナで表記します。ただし，資料の「表１」「図２」や「O-157」など慣用的に算用数字が用いられている単語の場合は，そのまま算用数字を使います。

③ 句読点・小文字（っ，ゃなど）・とじかっこが行の頭にくる場合は，直前行の最後の１マスに他の文字とともに記入します。

④ 句読点や小文字，カギかっこも１マス分使います。

⑤ 二重カギかっこ（『　』）は書籍の題名を記す場合や，カギかっこ内でカギかっこを使用する場合にのみ使います。通常はカギかっこ（「　」）を用います。

⑥ 記号（！や？）やコーテーションマーク（"　"）は使用しないようにしましょう。

⑦ 最後のマス目に句点を一緒に書くと，字数オーバーと判断される恐れがあります。最終行に限っては句点も１字と数えましょう。

気をつけたい文章表現

　　表現や表記の気配りは，読み手が混乱することを防ぎ，こちらの意図を正しく伝えることにつながります。また，**表現や表記の誤りは減点の対象**となるので，正しい表記を心がけましょう。

　　なお，言うまでもありませんが，誤字・脱字はもってのほかです。

文章は短く区切る

　文章が長くなると，主語・述語，修飾語・被修飾語の関係が曖昧になり，ねじれ表現（「私の夢は，看護師になりたい。」のように，主語と述語がねじれている表現）を生む原因となります。

> **NG** 日本をはじめ世界中で，様々な科学，技術，制度，文化，思考などが変化を続け，高度化していて，社会で起こる事象もそれに合わせて複雑化しており，こうした状況の中で適切な判断を行うには，広い教養や深い知識やそれに伴う思考レベルの高さが必要だ。

> **OK** 日本をはじめ世界中で，様々な科学，技術，制度，文化，思考などが変化を続け，高度化している。そして，社会で起こる事象もそれに合わせて複雑化している。こうした状況の中で適切な判断を行うには，広い教養や深い知識，それに伴う思考レベルの高さが必要だ。

呼応表現

　「なぜなら」と書き始めたら「〜からだ。」で終わる表現を用います。**「〜たり，〜たり」は特に誤りが多い**呼応表現です。また，**呼応表現は一文中でのみ働く**ので，文をまたいで使用することはできません。

> **NG** リスクを回避したり，軽減するための取り組みが必要だ。
> **OK** リスクを回避したり，軽減したりするための取り組みが必要だ。

> **NG** なぜなら，人はそれぞれ違う。そして，価値観も人により異なるからだ。
> **OK** なぜなら，人はそれぞれ違い，価値観も人により異なるからだ。

漢字・送りがな・かな表記

　漢字，送りがな，かな表記の誤りに気をつけます。**漢字のあるものは原則漢字表記**で書きます。特に，思い出せない部分のみひらがなを使った，**漢字かな交じりの表現は避けましょう**。

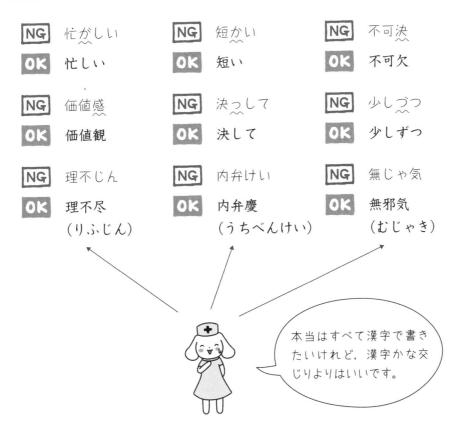

NG 忙がしい	NG 短かい	NG 不可決
OK 忙しい	OK 短い	OK 不可欠
NG 価値感	NG 決っして	NG 少しづつ
OK 価値観	OK 決して	OK 少しずつ
NG 理不じん	NG 内弁けい	NG 無じゃ気
OK 理不尽 （りふじん）	OK 内弁慶 （うちべんけい）	OK 無邪気 （むじゃき）

本当はすべて漢字で書きたいけれど，漢字かな交じりよりはいいです。

句読点

　読点を打ちすぎたり少なすぎたりしないように気をつけます。**読点の位置で文章の意味が変わることもある**ので，打つ位置にも気を配りましょう。

　　NG　私は帰宅途中に買い物をしている母に電話をかけた。

　　OK　私は帰宅途中に，買い物をしている母に電話をかけた。（私が帰宅途中）

　　OK　私は，帰宅途中に買い物をしている母に，電話をかけた。（母が帰宅途中）

✚ 文体の統一

　志望理由書や自己 PR 文のような出願書類では，敬体（です・ます調），常体（だ・である調）のどちらを用いてもかまいません。ただし，**どちらかに統一**しましょう。

> NG　ひとりの人間が持てる知識や技能には限界が<u>ある</u>。すべての分野において深い見識を持つことは不可能<u>です</u>。

> OK　ひとりの人間が持てる知識や技能には限界が<u>ある</u>。すべての分野において深い見識を持つことは不可能<u>だ</u>。

> OK　ひとりの人間が持てる知識や技能には限界が<u>あります</u>。すべての分野において深い見識を持つことは不可能<u>です</u>。

✚ 会話調の表現や略語は避ける

　「ちゃんと」「僕」などは会話調の表現なので，「きちんと」「私」などに書き換えます。ら抜き言葉（「見れる」「食べれる」）などの表現も避けましょう。

> NG　そんな，こんな
> OK　そのような，このような

> NG　〜じゃない
> OK　〜ではない

> NG　携帯
> OK　携帯電話

> NG　自分はこう思う。
> OK　私はこう思う。

> NG　いろんな
> OK　いろいろな

> NG　部活
> OK　部活動

✚ 表現技巧は使わない

　体言止め，倒置法，省略などの表現技巧を用いると，解釈を読み手に委ねることになるので避けましょう。無意味なカタカナ書きの使用も控えましょう。

> NG　皆で考えるべきだ，環境保全の方法を。
> OK　環境保全の方法を，皆で考えるべきだ。

> NG　他者を思いやることがイチバンである。
> OK　他者を思いやることが一番である。

志望理由を考えよう
【志望理由書の書き方】

これで
合格

Stage2

item 3 志望理由で押さえたいポイント WDS

志望理由書とは，なぜその専門学校や職種を選んだのかを説明する文章です。

「攻め」のキャリア形成 WDS のルール

専門学校は，仕事に就くための高い技術を身につけるための機関です。そして，教員の多くは医療の現場を経験している人であり，その経験をもとに後進を育てる役割も担っています。医療者であり教育者でもある教員は，自らの手で育てたいと思い，かつ自分自身の力で成長できそうな人物を入学させたいと考えています。

したがって，志望理由書には，「私は**こういう仕事に就くために**こういう**技術を身につけ資格を取りたい。**だから，**この学校を志望した**」ということを書けばよいのです。自分に必要な技術と資格は何かがわかっていて，その技術を身につけ，その資格を取るには志望校で学ぶことがふさわしいと示しましょう。

この本で説明する志望理由書の書き方は，「攻め」の姿勢で積極的に専門学校で学びたいことを決め，自らの力でキャリア（人生）を築こうとしていることをアピールするのが特徴です。それを法則にしたのが **WDS のルール**です。WDS とは次の3つの単語の頭文字をとったものです。

> **Waza**（身につけたい技）
> **Douki**（それを習得したい動機）
> **Sentaku**（その学校を選択する理由）

この3つのポイントを押さえれば，志望理由書の骨格がはっきりします。

私は専門学校で，□□を**身につけたい。** ← W（技）
□□を身につけたいと考えたのは，△△という**理由**があるからだ。 ← D（動機）
□□を身につけるには，○○**専門学校への入学**が欠かせない。 ← S（選択）

W（技）

p.26 item 4 で具体的に勉強しようね！

 ## 何を習得したいのかをはっきりと決める

専門学校が技術者を育てる機関である以上，そこに進学を希望するキミは，どういう仕事に就きたいのか具体的に決めているでしょう。では，入学後どういう技術を習得すればいいのか，大まかな内容はわかっていますか。

「専門学校でこの**技術を習得して，成果を職業に活かしたい**」というように，専門学校で学ぶ内容や必要となる資格についても触れ，他の受験生よりも**意識が高いことを表現**します。学ぶことに対する熱心な思いはおのずと伝わるものですから，何を極めたいのかしっかりと伝えるように心がけましょう。そうしてはじめて，教員に「この技術を得ることは本校でできるのか」といった視点で，キミの志望理由書を読んでもらえるのです。教員にマイナスの印象を抱かれるのを防ぎ，期待感を持たせる文章にするためにも，**身につけたい技術**を明らかにしましょう。

 ## 専門学校の存在意義を意識して論じる

何のために，キミは専門学校で学ぶのでしょうか。それは，社会からの要請にこたえるためです。**高い専門的技術を身につけて医療の現場に活かす**ために，医療者は存在しています。したがって，目的を述べるときには「この技術は，このように社会(他者)の役に立つから」という**社会性・公共性の視点**を持って述べるとよいでしょう。

ワンポイント

● 専門学校はあくまでも**技術者を育成する機関**である。
● 「こういう技術を身につけたいから」と述べると，**志望する専門学校へ進学する目的**がはっきりと伝わる。

D（動機）

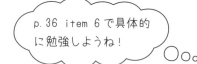

 体験を整理する

　キミは，なぜその技術を身につけようと思ったのでしょうか。キミが取り組もうとしていることを志した動機を述べて，**志望校で学びたいという強い意志**をアピールしましょう。

　まずは，キミの体験を振り返りましょう。たとえば，自分や家族の入院体験，部活動やボランティアでの体験，オープンキャンパスや専門学校の模擬授業など，**身につけたい技術にまつわるキミの体験を整理**していきます。そして，その体験を経て，どのように考えて，就きたい仕事とそのために身につけたい技術にたどり着いたのか，**経緯を説明**できるようにしておきましょう。

 技術習得の重要性を述べる

　キミが専門学校で取り組みたいことを示すとき，「私がこのような技術を身につけることは，希望の仕事に就くためにどうしても取り組まなければならないものだ（**技術の重要性**）」ということをしっかりと説明しましょう。ここでキミが本当にこの専門学校に進学したいのか，**医療の仕事や技術習得に対しての「熱意」**があるかどうかがわかるのです。この説明を怠ると，うわべだけの意見で独自性がなく，誰が書いても同じような志望理由書になってしまいます。**自分が身につけたい技術はどうしても必要なもの**だから，この学校のこの学科を志望するのだということを，自信を持って，真剣に説明しましょう。

● 体験を整理して，**動機**をしっかりと説明しよう。
●「専門学校で技術を身につけたい」というキミの**熱意**を伝えよう。
● キミが**身につけたい技術が重要なもの**であることを伝えよう。

S（選択）

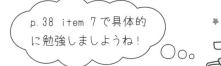

p.38 item 7で具体的に勉強しましょうね！

 ## 専門学校の選択基準をつくる

将来就きたい仕事が決まると，専門学校で身につけなくてはならない技術がはっきりし，学ばなければならないことも明確になります。その内容を志望理由書の中に盛り込んでみましょう。「私が○○の資格を取得して技術を身につけるためには，こういう勉強や環境が必要だ」と述べることで，**入学後のビジョンを明確に持っている受験生であることをアピール**できます。

このまとめは，キミが**専門学校を選ぶ基準を整理**することと同じです。こうしたひと手間が，さらに選択理由を輝かせます。

 ## 志望校を選んだ理由を述べる

専門学校は，本来は学べる内容を基準に選ぶべきものです。よって，「学びたいことは○○専門学校ですべて学べる」ということをはっきりと述べて，専門学校への志望理由としましょう。その際，「○○専門学校では，私が学びたいことを学ぶことができるから志望した」などと表現するとさらによいでしょう。こうして，**他の専門学校ではなく志望校を選んだ確固たる理由**を述べることができます。キミ自身が，専門学校で何を学ぶ必要があるのかじっくり考えることで，専門学校進学の意義が明確になるでしょう。

専門学校を「教えてもらう場」といった受け身で捉えるのではなく，**「学びたいことを自分で見つけ，自分で学ぶ」という攻めの姿勢**で考える，これがこの本で説明する志望理由書の書き方なのです。

- 技術を身につけるために必要な勉強や環境を整理し，**専門学校を選ぶ基準**を定めよう。
- **学びたいことを自分で見つける姿勢**を持つことが，成功のカギである。

item 4 W（専門学校で身につけたい技）を明らかにする

 「身につけたい技術」を具体的に述べよう

まずは「○○を学びたい」だけでなく，W（技）まで踏み込んで述べましょう。それは，専門学校は特定の仕事で用いる技術を身につける場だからです。

そのためには，専門学校のホームページやパンフレットにあるカリキュラム，教員が専門としている分野を調べて，どのような技術や資格が得られるか確認しておきましょう。おのずとキミの学習意欲と熱心な態度が教員に伝わります。

 BEFORE

看護の技術について学びたい。

＋
処方せん
身につけたいことを「看護の技術」と曖昧に示すだけでは不十分です。看護の技術と言えども範囲は広いものです。**誰のための，どういう技術を学びたいのか，**はっきりさせましょう。

AFTER

基本的な看護技術だけでなく、高齢者の生活の質を高めるために必要なコミュニケーション技術を学びたい。

AFTER **学ぶときにどういったことを身につけたいのか**がはっきりと述べられています。

 目的意識をはっきりさせよう

身につけたい技術を示すには，目的を持ってその分野を志望していることをアピールしましょう。

目的意識の高い志望理由書は教員の共感を得られやすいものです。

 BEFORE

リハビリテーション関係の技術を学びたい。

「○○関係」と示しただけでは**何を学びたいのかわかりません**。具体的な目的がなく，自分の興味だけで選んでいるように見えます。「リハビリテーション関係の技術」が，日常生活のための機能を回復するためのものか，アスリートが現役復帰するためのものなのか，**具体的な内容**を示しましょう。

 AFTER

アスリートが現役復帰するために必要なリハビリテーションを提案する技術を身につけるために，競技動作に合わせた治療法を学びたい。

AFTER **技術を身につけて職業に就くことが，社会や他者にどう役立つのか**が明らかになっています。

「この仕事に就きたいから」では足りない

「専門学校でこういう技術を身につけ，その成果を職業に活かしたい」と述べるのです。そうすることで専門学校へ進学する目的がはっきりと伝わり，他の受験生よりも学びに対する意識の高さが表現できます。

BEFORE

救急救命士になりたい。

 「○○という医療職に就きたい」と述べても，それは看護医療系専門学校へ入学を希望する人なら当然で，**何を学校で学びたいのかは読み手には伝わりません**。これでは，専門学校側からの質問（専門学校の選択理由）に答えられていません。**将来の職業の話**ばかりに終始しないようにしましょう。

AFTER

生命の危機に直面した人が最初に接するのが救急救命士であり、救命技術の高さが求められる。こうした命の最前線に立つ上で、必要な病態ごとの観察、評価、処置の技術を身につけ、救急救命士として活躍したい。

AFTER **専門学校で身につけたい技術**についても触れています。

① 専門学校で**身につけたい技術**をはっきりと伝えよう。
② **「就きたい仕事」**だけで終わらないようにしよう。

item 5 医療系職業の紹介一覧

看護に関わる職業

　　看護に関わる職業（看護職）には，**看護師・保健師・助産師**という3つの職種があ
ります。これら3つの仕事の共通点は，字が意味する通り，人々を「看（み）」て（＝世
話をする），「護（まも）」る（＝防いでまもること）ことに尽きます。つまり，すべての人々
が，健康を損ねたときに回復できるよう，また健康なときにはそれを保ったり，よ
り増進したりできるように助けるというのが，看護職の仕事です。

　看護職が関わる人は，病気で通院したり，入院したりする人だけに限りません。
出産前後の母親の世話をしたり，健康な人がより健康でいられるように管理した
りと，あらゆる人々が看護の対象になります。
　しかし，**看護師，保健師，助産師**では，それぞれの対象となる人は異なります。

看護師…患者（傷病者）を対象にします。つまり，**患者の健康回復をあらゆる面
から援助**することが主な仕事になります。

保健師…「健（康）」を「保（つ）」という字の通り，**健康な人々が病気にならな
いように**，いろいろな面から手助けをします。

助産師…子供を産む際（**お産**）の**手助け**が主な仕事ですが，時には広く**女性全体
に関わる保健全般**を扱うこともあります。

🌡 看護師

　患者が被っている日常生活での障害に焦点を当て，その人の QOL（Quality Of Life＝生活の質）を高め，改善する仕事です。医師の指示のもと，**診療の補助**を行うだけでなく，様々な病気や障害のために不自由な療養生活を送っている患者が過ごしやすいよう，**日常生活の援助**を行います。すなわち，**自分で自分のことができない人が，人間らしく生きていく上での必要な営み**（呼吸，食事，排泄，休息，睡眠，運動，衛生，体温の保持など）**を助ける**ことが主な仕事です。

　また，**患者の家族も含めて，療養生活を精神的に支援する役割**もあります。さらには，患者と接する時間が長いところから，**医師や他の医療者，あるいは家族との意思疎通を助ける**（橋渡しをする）などといった役割も担います。

　そのほかに，**患者の様子や変化を細かく記録**するという仕事もあります（**看護記録**と言う）。そして，それを整理することで患者の傾向を読み取り，今後，どのように看護を行っていけばよいかを考えなくてはなりません。

　患者にとってよい看護を行うためには，**患者の所見だけでなく，病気についての知識，薬の知識，過去の症例研究を用いた適切な EBM**（Evidence-based medicine ＝根拠のある医療）**が欠かせません**。「患者さんへの愛情や根性や体力だけでなく，知識や経験の裏づけがあってこそ患者さんによりよい看護ができる」とは，看護師の多くが実感するところです。

🌡 保健師

　人々を健康に導くのが主な仕事と言えます。すべての人が健康的な生活を送れるように，病気を未然に防いだり，健康な人がより健康でいられるように多方面から指導したりします。主に，市町村保健センター（名称は市町村によって異なります）や保健所に所属することが多いようです。

　具体的な仕事内容は，大きく分けて次の4つです。

① **母子保健**…乳幼児の予防接種や検診，母親の心身のケア，乳幼児のいる家の訪問などを行います。

② **老人保健**…（主に高齢者の）健康診断，がん検診，健康相談，保健センターへ行けない人の訪問指導を行います。

③ **精神保健**…身体障がい者や精神障がい者本人，またはその家族からの相談を受け，アドバイスや各種手続きをします。

④ **感染症・難病対策**…結核やエイズなどの感染症や様々な難病の相談を受けたり，アドバイスや各種検査をしたりします。

注）①，②は主に市町村保健センターの，③，④は保健所の担当。

必要があれば，福祉関係，リハビリ，機能訓練などの専門機関や専門職員と連絡を取り，協力して援助する**コーディネーターとしての活動**も重要です。

ほかに，保健師の資格を活かして，市役所などの福祉課（介護保険や保育所に関わる仕事）や国民健康保険課で働く，病院や診療所の**健康相談員**になるという選択肢もあります。また，申請すれば衛生管理者の資格や養護教諭二種免許が得られます。これを利用して，工場や会社などの事業所で，検診や相談，労働災害の原因調査，再発を防止する**衛生管理者**として働くこともできますし，学校で**養護教諭**として勤務することもできます。

🌡 助産師

母性（女性が持っている母親としての本能，母親として子を生み育てる特性）**の健康を保つための指導**をするのが主な仕事です。中でも妊産婦は，精神的にも生理的にも不安定になりがちなので，彼女たちに対する正常分娩の助産のほか，妊娠から育児にいたるまでの相談や指導は重要な仕事です。

近年，核家族化や少子化などに伴い，子供を生み育てる環境は大きく変化しています。そのような変化に合わせて，幅広い年代の女性が，肉体的にも精神的にも健康な生活が送れるようにするため，**女性に関わる保健全般の援助**をする仕事が助産師に求められています。たとえば，思春期の女性には健康教育や性教育を，成熟期の女性には結婚や家庭生活における衛生教育や家族計画や妊娠・分娩・産褥・育児期における一連の指導や援助を，中高年の女性には自分の健康の管理方法を指導するなど，援助の内容は多岐にわたります。

また，**男女共同参画社会**（男女がともに平等な立場で参加できる社会を構築すること）に向けた働きとして，**男性の子育て支援**を行う動きもあります。

リハビリテーションに関わる職業

　理学療法士，作業療法士，言語聴覚士，義肢装具士，視能訓練士は，リハビリテーション医学を用いて患者の病状を改善させる仕事をするという点で共通しています。

リハビリテーション医学とは，社会復帰を目指して，失った能力を回復させるための訓練を行うことを指します。けがや病気の治癒だけでは改善できない身体機能を回復させたり，まだ残っている身体機能をできる限り引き出したりすることは，自立した生活を営む上で必要不可欠です。

　ところで，**理学療法士**と**作業療法士**は，リハビリテーションへのアプローチの方法が違います。

理学療法士…理学・物理的な方法(運動療法や電気療法など)を用いて，運動や呼吸や循環など，人間として生活するときの基本になる動作の能力を回復させます。

作業療法士…日常的に行う作業(手芸，木工，園芸，演劇，ゲームなど)を通した基本動作を応用することによって，社会生活を送るのにより適応した能力を増進させます。

🩹　理学療法士

　病気や事故のために身体が不自由になった人の基本的な運動機能を回復させたり，残った身体機能を最大限に活かすことができるように援助したりするのが主な仕事です。もっと簡単に言えば，**身体の基本的な動作をリハビリ**するということです。また，**治療を始める前に各種の検査や測定を実施**し，患者の身体機能がどの程度かを判定し，その**結果に基づいて効果的な方法を検討**することも行います。

　理学療法の方法には，大別して**運動療法**と**物理療法**があります。

運動療法…患者の身体を，本人または理学療法士の手技や器具を使って動かす治療を言います。歩行や動作，車椅子の訓練によって，関節の改善や筋力増強，麻痺の回復，痛みの軽減などが望めます。また，**日常生活動作(ADL = Activities of Daily Living)も行います。これは，日常生活の場や勤務先と似た状況をつくり，そこで移動や食事，更衣，排泄，入浴などができるよう訓練する**ことです。

物理療法…患者の身体に外から物理的な力を加えてする治療です。たとえば，患部を温めたり，冷やしたり，マイクロウェーブや超音波を用いて患部を刺激したり，水の力や牽引を利用したりします。

🩹 作業療法士

　患者が，手を動かせるとか指を動かせるなどといった基本的な動作ができることを踏まえて(ここまでは理学療法士が行うリハビリ)，箸を持って食事をするとか字を書くなどといった少し難しい動作ができるように，作業を通して身体機能の回復をはかります。つまり，**応用的な動作をリハビリ**するのが仕事です。また，**身体に障害が残ったとき，残された機能を活かして生活ができるよう，工夫したり訓練したり**します。

　ところで，障害を持った人は精神が不安定になりがちです。そこで，そのような人が，障害があることを受け止め，できるだけ**意欲的に生きていけるようにサポートし，精神の回復をはかる**ことも大切な仕事です。さらにその一環として，身体障害だけでなく，成長期に何らかの障害を受けた子供への治療(**発達障がい児への対応**)，精神疾患により低下した精神機能の向上や対人・対作業能力の改善(**精神障害への対応**)，老年期障害(加齢に伴う様々な疾患や機能低下，生きがいの喪失)の改善(**老年期障害への対応**)なども行います。

　作業療法では，**「作業」を通してリハビリ**を行います。単純な身体の動きをリハビリとして続けていくと，意欲もなくなりがちで忍耐も必要です。しかし，手芸や工作などの創作的活動や，遊び，体操，散歩などの活動を交えて身体を動かしていれば，楽しみながらリハビリを行うことができるので，継続も可能になります。もしできない動作があるときには，他の身体機能で代用したり，道具を用いたりするように作業療法士が指導します。

　作業療法の方法としては，**機能的作業療法，心理的・支持的作業療法，職業前的作業療法**といったものがあります。患者の状況に応じて，これらの療法を組み合わせて指導や訓練を行います。

機能的作業療法…つかむ，はなす，つまむなどの，**日常生活に必要な動作が耐久性のあるものになるように**訓練します。

心理的・支持的作業療法…自らの障害で心に傷を負う患者に対し，**患者自らが立ち直ろうとする意志を失わないように，精神面から援助や指導**をします。

職業前的作業療法…機能的作業療法と心理的・支持的作業療法を通して得た，患者の特性に関するデータをもとに，**職業参加できるように訓練**します。

言語聴覚士

　聴覚や音声，言語の機能障害(脳卒中後の失語症，聴覚障害，ことばの発達の遅れ，声や発音の障害など)や，嚥下(飲食物の飲み込み)障害を持つ人に対してリハビリを行います。また，機能回復訓練を行うに際して必要な検査や評価もします。言語や聴覚は，人と人とのコミュニケーションをとるときには欠かせないものです。そのため言語聴覚士は，医学的な知識だけでなく，教育学的・心理学的な手法も駆使して，コミュニケーション能力の向上を促します。

義肢装具士

　事故や労働災害，先天的障害などで手足を失ったり，身体機能に障害がある人に対し，医師の指導のもとで，義肢(失われた足や手を補うための人工の器具)やコルセットなどの装具を製作します。また，装着に際しての微調整や修理などのアフターケアも行います。主な活躍の場は，民間の義肢や装具の製作施設です。

　近頃では，ノーマライゼーション(障がい者や高齢者など社会的に不利益を受けやすい人が，社会の中で他の人と同じように生活し，活動することが社会の本来あるべき姿であるという考え方)が浸透してきています。それに伴う，スポーツ参加などの積極的な社会進出に応えるためにも，義肢や装具の開発や研究が進んでいます。

視能訓練士

　弱視や斜視など視覚機能に障害のある人に対し，機能回復のための矯正訓練を行うほか，医師の診断に必要な視力，色覚，眼圧(眼球が球形を保つために必要な圧力)などの検査も行います。視覚機能の回復訓練は微妙で，かつ長期にわたることが多く，それだけ視能訓練士には丁寧な対応が求められます。主に，眼科診療に力を入れた総合病院や大学病院などで活躍しています。

医療技術に関わる職業

臨床検査技師

　臨床(患者さんに実際に接して診療すること)**で必要となる検査**を行います。**微生物学的検査**(体内の微生物の検査)や**血液学的検査**(患者から採取した血液の検査)などをはじめとする各種の検査を行い，医師が病気を診断したり治療したりするときに参考となる**科学的データを作成**します。最近では，顕微授精などの体外受精に関わる検査や遺伝子検査を行うこともあります。

診療放射線技師

　様々な**放射線を用いた画像診断装置での検査**をし，同時に**機器の管理**も行います。具体的には，**X線撮影**や**MRI**(磁気共鳴画像)，**USエコー**(超音波検査)，**眼底カメラ**などを用いた検査を行います。また，**血管撮影や舌がん・喉頭がん**などに対する**放射線照射**，**肺疾患に対するX線照射**などのように，**治療領域への応用**も広く行われるようになってきているため，診療放射線技師の活躍の場も増してきています。

臨床工学技師

　医師の指示のもとに，**高度な医療用工学機器**(人工呼吸器，血液透析装置，人工心肺装置など)**の操作や管理をし，同時に保守点検も行う専門技術者**です。すなわち，医学的かつ工学的な知識を総合的に活かして命を救うという役割を担っていると言えます。

救急救命士

　事故や火事などの**救急現場**や，病院に到着するまでの**救急車の車内**などで，**救急救命処置**(気道の確保，心拍の回復，輸液処置など)を，医師の指示にもとづいて行います。生命の危機を回避するには，冷静かつ適切な処置をいち早く行う必要がありますが，以前は救急車内での医療行為が禁止されていた(医療行為は医師しか行えなかった)ため，多くの命が失われていました。そのような現状を改善するために作られた資格です。

歯科に関わる職業

💊 歯科衛生士

　歯科医院において歯科医が治療する際に補助をする，いわば**歯科医院の看護師**のような役割を果たします。そのほかにも，**器具の管理や準備，滅菌**なども仕事のひとつです。また，**歯石の除去**や**薬の塗布**など，虫歯や歯周病などの歯科疾患を予防する処置も行います。さらに，正しい歯磨きの仕方や食生活の指導などの歯科に関わる衛生指導のほか，患者への応対，カルテの管理，治療費の会計処理なども行っています。

💊 歯科技工士

　歯の治療に使われる**入れ歯**(義歯)や**詰め物**，**歯列矯正器具**(歯並びをよくするために取り付ける補助器具)などを，**製作したり調整したり**する仕事です。たとえば，**歯科医院版義肢装具士**といったところです。事故や病気で失った歯を，機能や美しさを保てるように義歯で作るには，高い技術が必要なことはもちろんですが，根気のよさや手先の器用さも求められます。歯科技工士は，歯科医院や病院，歯科技工所(ラボラトリー)で活躍するほか，研究開発に従事する人や独立して歯科技工所を開業している人もいます。

どの仕事が自分に合っているかな？

いろいろな仕事があるなぁ…。

item 6
D（技術を身につけたい動機）を示す

 体験を整理しよう

　体験を示したあと，そのまとめとして「この仕事が楽しそうだから」「この分野に興味がある」という話で終えてしまう人が多いものです。しかし，本当にその分野に興味がある優れた人は，それだけで思考を止めません。「楽しそう」「興味がある」の状態から抜け出すためには，**「掘り下げること」**が大切です。

① **動機となる体験**を振り返り，**「解決しなければならない問題はないか」「そのときの課題は何だったのか」**などと問題や課題を明らかにします（問題発見）。
② 「それらの問題が起こった原因は何なのか」（原因分析）と，内容を掘り下げていきます。
③ 「専門学校で身につける技術をどう使えば問題を解決できるのか」（問題解決）を説明していきます。

　この３つの過程を経ることが，キミを輝かせるポイントです。「**自分の体験から問題や課題を探り，前向きに専門学校で学ぼうとしている**」ということを示すようにしましょう。

 技術の重要性を伝えよう

　受験生が書いた志望理由書を見ていると，**自己実現の大切さばかりを書いている**ものが目立ちます。**自己実現は，社会に貢献した活動の成果として得られる**ものです。学校側は，**「自分のために仕事をしたい」という受験生よりも，「社会のために仕事をしたい」と志す受験生のほうを応援したくなる**ものです。**自己中心的な動機ではなく，社会をよりよくしたいという志**を持ちましょう。

　そのためには，キミが**身につける技術の可能性をアピール**します。取り組む技術を世の中の人々に還元したとき，どのように**社会貢献**できるのかをまとめます。そして「○○のような問題を解決するために，私はこの技術を身につけたい。そして△△という仕事に活かしたいから，この学科を志望した」という**ストーリー**を述べましょう。

BEFORE

私の親戚がガンで亡くなった。私が子供のころからかわいがってくれた人だったので、見舞いのたびにやせ細っていく様子を見ているのはとても辛かった。そういうときでも看護師の方は毎日言葉をかけておられたことが記憶に残っている。そのように、懸命に看護をしてくださった看護師の方のように私はなりたいと考えた。

看護師を志す動機を説明しています。しかし、結局のところ、自らが出会った看護師のようになりたいという話に終始しており、**どういう技術を身につけたいのかが伝わりません。**看護師の様子を振り返りながら、どういう技を用いて看護をしていたのか、調べ学習やインタビュー等で明らかにしてみましょう。

AFTER

私の親戚がガンで亡くなった。私が子供のころからかわいがってくれた人だったので、見舞いのたびにやせ細っていく様子を見ているのはとても辛かった。そういうときでも看護師の方は毎日言葉をかけておられたことが記憶に残っている。しかし、親戚は最期まで痛みに苦しんでいたことが忘れられない。（問題・課題）家族と医師の間で治療の在り方が対立していたからである。（原因分析）そうした中で、看護師の方は親戚と信頼関係を築き、どうしたら痛みを軽減できるのか、QOLを向上できるのか、本人だけでなく家族とも対話しつづけておられた。（問題・課題解決）いかに「本人の痛みを受け取りながら幸せな最期を迎える支援ができるか」が緩和ケアに必要な心と体を護る技術である。（どういう技が必要か）私はそうした技術を身につけ、緩和ケアを専門とした看護師として成長したいと考えた。

① 「問題発見・原因分析・問題解決」の3ステップを意識しよう。
② 自分のためではなく、**社会のために技術を身につけたいという志**を持とう。

item 7 S（専門学校を選択する理由）を伝える

 専門学校を選ぶ基準を持つ

キミが，この学校を選んだ理由を明らかにしましょう。

① キミが技術を身につけるために必要な知識は何かを明らかにし，**何を学ぶべきかを整理**することから始めます（学習内容）。

② キミがその中から特に**どういう専門性を身につける必要があるのか**を考えます（専門性）。

③ **技術を身につけるために必要な設備や指導してくださる先生の存在**も欠かせません（学習環境）。

なお，専門学校では，一般的に基礎的な内容を習得するための講義は低年次に，応用的なことを取り扱う講義や演習は高年次に設定しています。

 志望校を選んだ理由を伝えよう

専門学校のカリキュラムなどを参考にして，キミが**望む技術が志望校で得られるか**どうかをチェックします（学習内容と志望校との相性）。また，**学習環境が整っていること**も確認し（志望校の学習環境），志望校へ進学すればその技術が得られることを積極的に述べます。**キミが望む学習内容と志望校で提供される学習内容が合っている**ことをしっかりと説明し，「○○**専門学校へ進学しなければならない理由**」（志望校への進学の必要性）を学校側へ訴えましょう。その上で，将来，どのように技術を活かしたいのか，キミの積極的な学習への姿勢（抱負）をアピールして締めくくります。

技術を習得するための学習に真正面から向かい合う受験生になったキミであれば，学校側も快く門を開いてくれるはずです。

BEFORE

私が〇〇専門学校を選んだのは、オープンキャンパスのときに先輩や先生が親切で、雰囲気がよかったからだ。こうした雰囲気であれば、しっかりと看護の勉強をすることができると思った。貴学は「ONE for ALL, ALL for ONE」という理念を掲げられているが、私はこの理念に共感している。私が学んだことを看護の現場で活かすことが多くの人の幸せとなり、その結果として私の幸せにつながると考え、貴校を志望した。

処方せん そもそも**専門学校をどういう基準で選んだのかがあいまい**です。オープンキャンパスでの雰囲気を根拠に志望したと述べていますが，それが専門学校での教育と直接結びついているわけではありません。また，**理念に共感していることを示していますが，それが学習とどうつながるのかが不明確**です。

AFTER

私が〇〇専門学校を選んだのは、看護の実践力が備わるようにカリキュラムが組まれていることだ。将来は緩和ケアの現場で活躍したいと考えているが、その際に必要な患者の方の病態を判断する力、看護の実践能力、倫理的な判断力を満遍なく身につけられる。また、PBL(Problem Based Learning)をもとにした実践的な学びを提供されていることにも期待している。私は貴校が掲げておられる「ONE for ALL, ALL for ONE」という理念に共感している。貴校で身につけた技術をもとにして、患者の方やチームに役立てるよう、全力で学んでいきたい。

① 専門学校を選ぶ基準を持つポイントは「**学習内容・専門性・学習環境**」の3点である。

② その**基準を満たすことを志望校選択の理由**とし，最後に抱負を述べよう。

志望理由書模範回答例①（看護師）

BEFORE

　私は、子供のころに通っていた小児科の看護師の方にやさしくしてもらったことがあり、「こういう看護師になれたらいいな」と思い、看護師に憧れていた。やさしく、思いやりのある、人を包み込んでくれるような愛情を感じることができる仕事は看護師以外にない。また、看護体験にも何度も通い、看護のすばらしさに共感している。つねに笑顔で接し、緊急のときは素早く行動する姿はとても美しいと思った。だから、看護の技術について学んでみたい。

　看護師になろうと思ったのは、私の親戚がガンで亡くなったことも理由のひとつである。私が子供のころからかわいがってくれた人だったので、見舞いのたびにやせ細っていく様子を見ているのはとても辛かった。そういうときでも看護師の方は毎日言葉をかけておられたことが記憶に残っている。今までたくさんの看護師の方に出会ってきたが、これほどまでに感動する看護を見たことがなかった。「今日の調子はいかがですか」「痛みはありますか」と何度も親戚に声をかけ、家族にも、時には笑顔で、時には真面目な顔をしながら話してくださった。そのように、懸命に看護をしてくださったその看護師の方のように私はなりたいと考えた。

　私が○○専門学校を選んだのは、オープンキャンパスのときに先輩や先生が親切で、雰囲気がよかったからである。こうした雰囲気であれば、しっかりと看護の勉強をすることができると思った。貴校は「ONE for ALL, ALL for ONE」という理念を掲げておられるが、私はこの理念に共感している。私が学んだことを看護の現場で活かすことが多くの人の幸せとなり、その結果として私の幸せにつながると考え、貴校を志望した。

処方せん

　W（技）…「看護の技術について学んでみたい」とは述べていますが，**具体的にどういう技を身につけたいのか**があいまいです。

　D（動機）…体験を丁寧に書き起こしていますが，看護師という仕事を肯定的にしか捉えていません。その**体験の中に潜む問題や課題**を見つめてみましょう。

　S（選択）…オープンキャンパスの感想や雰囲気は，WおよびSで考えた学習内容と結びついているとは言えず，**志望校を選んだ理由の説得力が弱い**です。

　私は緩和ケアを専門とした看護師を志している。そのために必要となる基本的な看護技術に加え、患者の方が満足して生き抜くことを支援するための技術を学びたい。具体的には、患者の方の状況をもとに適切な看護を提供する技術、傾聴する技術、倫理性などが考えられる。

　そう考えたのは、昨年、私の親戚がガンで亡くなったという経験による。私が子供のころからかわいがってくれた人だったので、見舞いのたびにやせ細っていく様子を見ているのはとても辛かった。そういうときでも看護師の方は毎日言葉をかけておられたことが記憶に残っている。しかし、最期まで親戚は痛みに苦しんでいた。家族と医師の間で治療の在り方が対立していたからである。そうした中で、看護師の方は親戚と信頼関係を築き、どうしたら痛みを軽減できるのか、QOLを向上できるのか、本人だけでなく家族とも対話しつづけておられた。いかに「本人の痛みを受け取りながら幸せな最期を迎える支援ができるか」が緩和ケアに必要な、心と体を護る技術であり、私はそうした技を身につけ、緩和ケアを専門とした看護師として成長したいと考えた。

　私が〇〇専門学校を選んだのは、看護の実践力が備わるように組まれたカリキュラムがあることである。将来は緩和ケアの現場で活躍したいと考えているが、その際に必要な、患者の方の病態を判断する力、看護の実践能力、倫理的な判断力を満遍なく身につけることができる。また、PBL(Problem Based Learning)をもとにした実践的な学びを提供していることにも期待している。私は貴校が掲げておられる「ONE for ALL, ALL for ONE」という理念に共感している。貴校で身につけた技術をもとにして、患者の方やチームに役立てるよう、全力で学んでいきたい。

✔チェック

W（技）　…具体的にどういう技を身につけるべきなのか，丁寧に言葉にしています。

D（動機）…緩和ケアに携わるための技術を得たいと考えた動機を，自らの問題意識をもとに論じることができています。そして，どういう技を持てば対応できるのか，というところまで踏み込んで書いています。

S（選択）…緩和ケアを専門とした看護師になるための技術とはどういうものかを明確にし，志望校でどう学ぶことができるのかを具体的に説明できています。

item 9

志望理由書模範回答例②（理学療法士）

BEFORE

私は理学療法士になりたいと思っている。高齢者が幸せな生活を営むためには、リハビリテーションで支える立場の人が必要である。そうした思いを今までの経験で重ねてきて、高校3年生になった今、理学療法の海に飛び込んでみようと思った。

「あの青空をひとりでも多くの患者さんに見せてあげたい」。この思いは、2年ほど前に祖父が入院したときに生まれた。祖父は、ふさぎ込みベッドを離れようとしなかったので、その姿を見た担当の理学療法士の方は、祖父を元気づけようと外に出ることを提案された。さらに、そのときの青空のすばらしさに目を奪われていた祖父に「次は自分の力で来ませんか」と声をかけられたのだ。やさしい言葉をかけられ、祖父は朗らかな表情となった。入院してからこうした顔を見せてくれることはなかった。自分の体が思うように動かず、さぞ苦しい思いをしていたに違いない。しかし、そうした思いを拭い去るほどに理学療法士の方の言葉は祖父に響いたのだと思う。この経験から、そうした理学療法士になることに憧れた。医療やリハビリテーションの仕事は数多くあるが、理学療法士にこだわったのは、彼のようになりたいと思ったからだ。

そして、目標を実現できる学校を探していたところ、貴校に出会った。新しい時代に即応した知識や技術を取り入れ、人や医療、社会に貢献できる人材を育成したいという理念と、私の夢が一致したのである。このような環境のもと、社会問題の最前線で、高齢者に対し家族のように接することができる理学療法士になりたいと願い、貴校を志望した。

処方せん

W（技）…理学療法士を目指しているのはわかりますが，**どういう技術を身につけたいのか，不明確**でわかりにくいです。

D（動機）…体験をもとに語っていますが，理学療法士を志す動機の説明に終始しています。**体験をもとに問題や課題を探り，どういう技術で解決できるのか**，という考察がほしいところです。

S（選択）…志望校の理念だけでなく，知識や技術の習得という面にも触れていますが，**どういう知識や技術を身につけたいのかが不明確**です。

🐼 AFTER

　高齢化が社会問題となっている日本において、理学療法士はそうした問題を最前線で改善できる仕事である。私は、高齢者の身体能力を高めつつ、精神面でサポートすることができる技術を身につけ、高齢者支援の現場で理学療法士として活躍したい。

　「あの青空をひとりでも多くの患者さんに見せてあげたい」。この思いは、２年ほど前に祖父が入院したときに生まれた。この経験が、理学療法士を志す動機となった。祖父は、ふさぎ込みベッドを離れようとしなかったので、その姿を見た担当の理学療法士の方は、祖父を元気づけようと外に出ることを提案された。さらに、そのときの青空のすばらしさに目を奪われていた祖父に「次は自分の力で来ませんか」と声をかけられたのだ。彼は、私の祖父にリハビリテーションを施すだけでなく、新たな価値観や拠り所を見つけ出させようと努めておられたのだ。

　それから、事あるごとに彼のもとに足を運び、理学療法の職務と現状を教わった。日本はこれから急速に高齢化が進んでいくが、加齢は身体の自由を奪い、人生を豊かにする可能性を奪っていく。しかしながら、祖父以上に頑なにリハビリテーションを拒む方、ゆううつになってしまう方が数多くいらっしゃるそうだ。そうした患者の方を支えるためには、コミュニケーションを通して心を解きほぐす技術だけでなく、身体の機能改善を行うための専門的なリハビリテーションの技術を学ぶ必要がある。

　そうした目標を実現できる学校を探していたところ、貴校に出会った。貴校は臨床的な実技授業を重視しておられるので、現場で活躍する理学療法士の方から様々なことを学びとることができる。また、知識についても寺子屋方式で学ぶ体制が整っており、苦手な科目であっても無理なく習得できる環境があることも魅力である。新しい時代に即応した知識や技術を取り入れ、人や医療、社会に貢献できる人材を育成したいという理念と、私の夢が一致した。このような環境のもと、社会問題の最前線で高齢者に対し家族のように接することができる理学療法士になりたいと願い、貴校を志望した。

✓チェック

W（技）…理想の理学療法士像を掲げるだけでなく，高齢者の能力を高め，精神面をサポートする技術を習得したいという趣旨が説明できています。

D（動機）…理学療法士になる動機だけでなく，積極的に行動して情報を得る様子がよくわかります。

S（選択）…技術を習得するために，志望校でどのような授業を受けられるのか，丁寧に説明しています。また，その上で理念にどう共感したのか，将来どのように活躍したいのか，ということも述べることができています。

志望理由書模範回答例③（救急救命士）

BEFORE

　私は、将来、救急救命士として医療の最前線で活躍していきたいと思っている。最前線に立つということは、人の命を左右するということであって、責任が非常に大きい。その中で、将来的に指導者として活躍することができれば、より人の命を救うことが可能になると考えている。私はこうした社会貢献ができる立場の人間になりたい。

　私は、幼稚園のころから水泳を続けており、○○大会で優勝するなど実績を積んできた。そうした中で、体力とともに礼儀作法や精神力を身につけてきた。ここまで成長できたのは、親やコーチをはじめとした多くの人のおかげであり、感謝してもしきれない。こうした感謝の気持ちをどう表現すべきか考えたのちに、人に貢献できる仕事を通して恩返ししたいと考えた。いろいろ仕事を探したが、最も自分に合いそうだったのは救急救命士であった。人の命を救う最前線で、なおかつ危険な場所に向かっていくことが求められるが、その際に必要なのは体力である。消防士としても活動する必要があり、持久力と瞬発力が求められる。今まで培ってきた体力を多くの人のために役立てることができれば、私も今までお世話になった方々に恩返しができると考え、救急救命士を志望した。

　救急救命士になるためには資格が取得できる場、つまり資格試験に合格できるだけの実力がある学校を選ばなければならない。そうした場として最もふさわしいのが△△専門学校である。合格率が9割を超え、先生と先輩方のフォローがしっかりしているのが特徴だとオープンキャンパスで伺った。資格試験合格のための講座も整っていて、基礎から着実に学べる環境が整っている。こうした場は、私にとって欠かせないものだと思う。私は、貴校で学んだ技術を現場でさらに磨き、後進を育てられるように成長したい。そして、多くの命を救い、これからも活躍していきたいと考えている。

W（技）…人の命を救う技術についての掘り下げが不十分です。**救急救命士に必要な技とはどういうものか**，カリキュラムやシラバス，インタビューなどで探ってみましょう。

D（動機）…救急救命士を志す熱意は伝わりますが，**実際の救急救命士の仕事やそこで用いる技術についての情報が不十分**です。体験を通した問題・課題意識も不明確です。

S（選択）…志望校で得られる救急救命士になるための技術取得とはかけ離れた話になっています。専門学校は資格試験予備校とは異なるので，**どういう技術を身につけられるかという視点で志望校を見つめてみましょう。**

　生命の危機のときに一番最初に出会うのが救急救命士である。火災や水難、災害の現場など、危険な場所から命を救いあげる必要があることから、そうした場の特性を理解した救命技術の高さが求められる。こうした命の最前線に立つ上で必要な、病態ごとの観察や評価、処置の技術を身につけ、救急救命士として活躍したい。

　私は幼稚園のころから水泳を続けており、○○大会で優勝するなど、多くの実績を積んできた。そうした中で、救急救命についての取り組みも積極的に行ってきた。私も救急救命講習に毎年参加し、溺者救助や応急手当など、水の事故から生命を守るための知識と技術を学んできた。水の中で競技をする以上、自分たちの力で水難事故を予防し、命を救う必要があると考え、クラブ全員で取り組んできた。

　こうした講習では救急救命士の方が講師となることがあり、その縁で消防署の見学とインタビューを行ってきた。その際に最も気になったのは、救急救命士ができる処置に限界があるということだ。災害や事故の最前線では、どのようにして目の前の要救助者の命を救うのか、その高度な判断が求められる。その最前線に立つ救急救命士が、いかに病態を評価し、的確な処置を行う技術を持っているかによるのだとわかった。

　私は、そうした技術を△△専門学校で習得できると確信している。疾病や外傷、急性中毒といった症例に応じた救急医学を体系的に学べるというカリキュラムを持ち、自主的に学ぶことを奨励し、支援する体制が魅力的である。そして、資格合格率の高さがその学びの質の高さを示しているのだと理解した。最前線に立つということは、人の命を左右するということであって、責任が非常に大きいものである。その中で将来的に指導者として活躍することができれば、人の命を救うことがより可能となると考えている。私はこうした社会貢献ができる立場の人間になりたい。

✓チェック

W（技）…救急救命の現場でどのような技術が必要なのか，自身の救急救命講習や救急救命士へのインタビューを通して把握しようとしています。また，志望校のカリキュラムや授業内容をもとに，その内容をより具体的に理解しようとしている点も伝わります。

D（動機）…救急救命講習だけでなく，救急救命士へのインタビューを行った積極性が評価できます。加えて，救急救命の現場での課題を理解し，どのように解決すべきかという視点を持って論じることができています。

S（選択）…志望校を選択した理由を，授業の内容やカリキュラムだけでなく，学習環境づくりについて着目して述べることができています。

item 11 指定文字数が少ないときはこのように書こう

　学校によっては，願書の空欄に志望理由を書かせるなど，スペースの加減でたくさんの字数を使えないこともあります。そういう場合に便利な構成方法があります。それは，「結論・本論」型の構成で，**主張＋根拠**というようにまとめるやり方です。これを使うと，短くても的を射た文章を構成することができます。

　志望理由の場合なら，最初に「**W（技）**」と「**S（選択）**」を使って，なぜこの学校を志望するのかをはっきり示します。その後，字数が許す範囲で，「**D（動機）**」を説明していけばよいのです。動機に関わる出来事が２つ以上ある場合は，直近の出来事から優先して入れるとよいでしょう。なぜなら，**直近の出来事であればあるほど，それまでの経験も活かされており，より深い考察を行っている可能性が高い**からです。

　制限字数が少ないときの**志望理由**の構成をまとめると，次のようになります。

	使う材料	何を示すのか
結論	● W（技） ● S（選択）	「私は○○に就くための技術を身につけたいと考えており，それを実現するために，この学校を志望する」と簡潔に答える。 （主張） **必ず書く内容！**
本論	● D（動機）	「このような体験から，この技術はこう必要だと考えた」と，順を追って説明する。 （主張を裏付ける根拠） **字数が許せば書く内容！**

たとえば，

実現したい夢	小児看護師
この学校を志望する理由	小児看護に力を入れている 「人としての権利を尊重して行動できる人材の育成」という教育目標
その技術を身につけたいと考えた動機	① 小学生時代の入院体験 　・不安を取り除いてくれる看護師のやさしさ ② 高校生のときの看護体験 　・小児看護の激務の現状とその必要性の認識

　これをもとに，志望理由を書くと次のようになります。動機は，入院経験と看護体験の２つがありますが，**後者のほうが小児看護について深く考えている**と言えます。ゆえに，そちらを優先して書くことにするのです。

　私は、病気で苦しむ入院中の子供を支える看護師になりたいという夢を持っている。貴校は小児看護に力を入れており、子供の実態に即した看護を実践できる力を身につけられる。また、「人としての権利を尊重して行動できる人材」を育成したいという教育目標を実践すれば、子供の人権を尊重して行動できる人間に成長できると考えた。そのために私は〇〇看護専門学校を志望した。

　こう考えたのは、看護体験に参加したためである。小児病棟で業務を行ったとき、担当の看護師さんが赤ちゃんの洗髪をしながら、「回数が少なくて赤ちゃんにすまない」と話してくれた。小児看護の激務の実態、さらに看護師さんが自責の念を抱かざるを得ない現実を目の当たりにした。小児医療は成長途上の子供に対して専門的な医療を行うもので、社会にとって必要不可欠である。特に小児医療に携わる人が減少しているという現実は問題である。そのことを思い、私は、小児医療の現状を改善し、子供たちが安心して入院できるよう配慮するための技術が看護師には必要だと考えた。

●先に結論を述べる
「W（技）」と「S（選択）」を使って，「なぜあなたはこの学校を志望するのか」という問いに簡潔に答えます。

●本論で深く説明する
「D（動機）」を使って，「このような体験から，この技術はこう必要だと考えた」というように，技術の必要性を感じるに至った経緯を説明します。

自己アピールを考えよう
【自己PR文の書き方】

これで合格

Stage3

自己アピールで押さえたい ポイント TKI

　自己PR文とは志望校に自らの長所をアピールする文章です。出願のとき「自己PR文」「自己推薦書」という名称で提出が求められたり，出願書類の中に自己PRの記入欄が設けられたりします。

「攻め」のキャリア形成 TKI のルール

　志望校には，入学者の受け入れ方針（「求める人材像」「Admission Policy」などと呼ばれる）があり，学校側は，それらに合った人物であるかどうかを自己アピールで確認しようとしています。したがって，自分の長所を好きなように論じるわけにはいきません。

　自己PR文はキミを売り込むパンフレットです。まずは，自分が学校側が求める人物であると表現しましょう。なお，この本でレクチャーする自己PR文の書き方は，単なる長所自慢で終わらせず，**キミの成長の過程や専門学校入学後の伸びしろをアピール**するのが特徴です。**自分の未熟さを受け入れつつ成長しようとする自己PR文**は，学校側の教員の「共感」を得やすいものです。

　それらのポイントを法則にしたのが **TKI のルール**です。TKI とは，次の3つの単語の頭文字を取ったものです。

> **Tyousyo**（自分の長所）
> **Keii**（長所を得た経緯）
> **Ikasikata**（長所の活かし方）

この3つのポイントを押さえれば，自己PR文の骨格がはっきりします。

> 私の長所は○○である。← T
> △△という経緯があって，○○を得た。← K
> 専門学校では，□□のように長所を活かしていきたい。← I

T（長所）

p.54 item 13 で具体的に勉強しようね！

 自己分析をして長所を探る

　自己PR文は自分のことを志望校にアピールする文章です。ですから，まずはキミの**長所をできる限り挙げてみましょう**。長所は人生経験の中で自分を磨いてきた成果ですから，部活動や課外活動といった体験を振り返ると，長所が見えてくることがあります。自己を肯定的に捉え，キミの「売り」を見つけましょう。

　思いつかない場合，もしかしたら，短所ならば挙げられるかもしれません。**長所は短所の裏返し**ですから，自覚できている短所なら長所とも言えます。たとえば，「引っ込み思案」という性格は「慎重である」とも捉えられる，と覚えておいてください。

 他の人に長所を見つけてもらう

　他の人のほうがキミのことを知っているかもしれないので，インタビューが効果的な場合もあります。友人や家族，先生などに，**キミの長所を挙げてもらいましょう**。思わぬ長所が発見できるかもしれません。

　また，長所を聞くとき，「**なぜそのように思うのか**」と理由も尋ねておきましょう。さらに具体的な事例を挙げてもらいながら説明してもらうと，自己PR文を書くときの手がかりになります。

- ●体験をもとにして，**自分の長所を探ろう**。
- ●**短所を裏返してみると**，長所になることがある。
- ●他の人に長所を探してもらうと，思わぬ長所が発見できる。

「落ち着きがない」は「活発！」とも言えるわけね…。

K（経緯）

p.56 item 14 で具体的に勉強しようね！

 長所がアピールできる出来事を挙げる

　自己 PR 文では，学校側に「この受験生を入学させたい」と思わせる必要があります。そのために，キミの**長所を最も上手にアピールできそうな体験**を選びましょう。

　まずは，今までの体験を振り返り，**長所が役立った経験や出来事**を挙げましょう。そして，その中で長所を活用してきたことをアピールします。事例は複数検討し，**より多くの人に影響を与えた体験を優先的に選びましょう**。部活動，生徒会活動，高校の授業といった学校生活，ボランティア活動や職業体験などの課外活動が代表例です。

　なお，大会の成績優秀者や入賞者など，特定の分野で実績を持つ受験生であれば，その事例を優先して挙げ，長所とともに実績をアピールしてみましょう。

 長所を得てきた経緯を説明する

　キミはどういう体験を経て，長所を得たのでしょうか。長所は，経験の積み重ねによって育まれているものです。**長所を活かすために行ってきた工夫や努力の積み重ね**を述べ，長所だけでなく，キミの**積極性**をアピールします。

　ポイントは，具体例を活用することです。体験の詳細を説明して，どういう状況でその長所が他者に役立ったのかをまとめます。すると，キミの長所がいかに有益なのかが読み手に伝わり，その長所を説明しようと考えたキミの意図も理解してもらえます。

- ●**長所を存分にアピールできる出来事**を選ぼう。
- ●その**出来事の詳細**を述べて，キミが長所を活用してきたことをアピールしよう。
- ●**長所を活かすための工夫や努力**についても触れよう。

52　Stage 3　自己アピールを考えよう【自己 PR 文の書き方】

I（活かし方）

p.58 item 15で具体的に勉強しましょうね！

長所の重要性を表現する

自己PR文の典型的な失敗例として，「実績や能力の高さを自慢するだけの文章」があります。「こういう点が優れています」と長所を並べるだけの文章では，押しつけがましさが先行し，読み手も嫌になります。**長所自慢だけで終わらせては，よい印象を与えませんし，キミのよさを伝えることも難しいのです。キミの長所がいかに役立つのか，**K（経緯）で挙げた体験を振り返りながら，まとめてみましょう。**長所が今後活かせる**ことを述べ，「自分はかけがえのない重要な存在である」ということを読み手に伝えましょう。

将来の抱負を述べる

自己PR文の目的は，キミのよさを伝えることだけではありません。

ここで，採点者である教員の視点に立って考えてみましょう。教員は「求める人材像」に合った人物か否かを，自己PR文を読んで判断しようとします。しかし，長所の説明だけではその判断ができません。したがって，**キミの長所がいかに学校側に有益なもの**であるのかを，自己PR文の中で表現しなければなりません。いかに**自分が学校側の求める人材像とマッチしている**のかを述べるのです。

そのために，キミの長所が学校での勉強の中でどのように活かせるのか説明しましょう。**キミの長所を売り込みつつ，学校で積極的に学ぼうとしている姿をアピール**するのが，この本で説明する自己PR文の書き方です。

ワンポイント

● 長所の活かし方を述べ，キミが**有用な人物**だと伝えよう。
● 長所を**専門学校での勉強で活かしたい**と述べ，学校側が求める人材像と合っていることを表現しよう。

item 13 T（自分の長所）を率直に述べる

長所を表現する言葉を選ぼう

　時折，「私の長所は明るいところだ」「私の長所は誰とでも仲よくなれるところだ」と言う受験生がいます。これは，**誰でも言いそうで幼さを感じる表現**でもあります。また，後者に至っては，「『誰とでも』というのは本当なのか。人は好き嫌いがあるものだし，誰しも苦手な人間はいるはずだ」という**反論**すら考えられます。いずれも，**長所を表現する言葉の選び方がうまくなかった**と言えます。長所を上手に示すためには，表現を慎重に選びましょう。できれば，「明るい」「仲よくなれる」といった，**すぐに思いつくような表現は避けたい**ところです。前者であれば，「私の長所は積極的なところである」「チャレンジ精神が旺盛な点が長所である」，後者であれば「私の長所は協調性のあるところだ」「社交性に富んでいるところが私の自慢である」なとど表現してみましょう。

BEFORE

何にでも興味を持てることが私の長所である。

処方せん
　「何にでも」と述べていますが，**人によって興味，関心を持つものは異なる**ので，この記述は説得力を欠いています。また，「興味を持てること」という表現も幼さが見えます。「興味を持つ」と言っても，変化を見抜く目を持っているのか，新たなおもしろさを見出す力を持つのか，いろいろなことにチャレンジしたくなる気質なのか，**捉え方によって表現は変わります**。「興味を持つ」以外の言葉を用いて，表現してみましょう。

AFTER

私の長所は、変化を見抜く目を持っているところである。

長所を示すのが苦手な場合は「努力している自分」を表そう

　長所を露骨に表現することが苦手なら，**長所を身につけるために努力してきた点をアピール**してみるとよいでしょう。「明るい」は「積極的に物事に取り組もう

としている」,「仲よくなれる」は「私は社交的に生きようと努力してきた」などと表現してみましょう。

 ## 求める人材像に合わせた長所をアピールしよう

　すべての長所が必ずしも志望校に認められるわけではありません。それは学校側に入学者の受け入れ方針があるからです。あくまでも自己PR文は入学試験の選考材料ですから，「受け入れ方針に合う人物かどうか」という視点で審査が行われます。したがって，**志望校の受け入れ方針に合う長所を吟味**することが大切です。キミの長所が，志望校での学習や実習の中で，どのように役立ちどういう利益をもたらすのか，いくつか挙げた長所の中から，志望校の募集要項やパンフレットの「求める人材像」「Admission Policy」に合いそうなものを選びましょう。長所が志望校での勉強に活かせることをアピールするのです。

BEFORE

演劇部の活動を通して観察力を養ってきたことをアピールしたい。人を観察することは興味深いものだ。表情から人の心情がわかるところがおもしろい。

 長所を直接的にアピールしていませんが，長所は伝わります。しかし，その**長所が学校側が求める人材像に合っているかどうか具体的に示されておらず，アピール不足である印象を受けます。キミの長所と求める人材像が結びつくことを，文章の中で表現したいところです**

AFTER

演劇部の活動を通して観察力を養ってきたことをアピールしたい。<u>この能力は、患者の方々を理解するときに役立つ。登場人物の発言や情景描写には、病気を抱える方の社会的背景や心理を読み解く手がかりが潜んでいる。つまり、私が培ってきた観察力をもとに，看護学の探求ができるのである。</u>

---

 ① **長所を表現する言葉を吟味**しよう。
② **志望校に適した長所**を選ぼう。

item 14　K（長所を得た経緯）を説明する

　経緯は具体的に述べよう

　「私は部員たちを元気づけるために，明るく振る舞った。そうしたら，場の空気が明るくなった」などと，**表面的な文章**を書く受験生がいます。この状態は，「具体的にどう振る舞ったのか」「そう振る舞う目的は何なのか」「明るく振る舞うだけで，なぜ場の空気が変わるのか」のような**反論**が考えられます。つまり，この文章を読む限り，書き手が**物事を深く考えることなく，表面的に物事を捉える人物であると見えてしまう**のです。

　専門学校は，技術を習得する機関なので，コツコツと授業に取り組む姿勢が求められます。そうした能力を持っていることをアピールするため，「なぜ？」「どうして？」などと，自分の体験にツッコミを入れながら，具体的な説明をするように心がけましょう。

　問題発見・原因分析・問題解決のプロセスを踏もう

　T（長所）を活用している場面では，**自分では気がつかないうちに問題点を見抜き，様々な工夫や努力を重ねて，課題を解決している**ものです。

　まずは，体験をじっくり振り返り，どういう問題や課題に直面し（**問題発見**），問題の原因はどういうもので（**原因分析**），どういう工夫や努力を経てその課題を解決したのか（**問題解決**）を探ります。前向きで向上心があるキミを，ここでアピールしましょう。

 BEFORE

私の長所は向上心があるところだ。私は、勝利を得るために大切なことを部員に語った。そうしたら、皆が一生懸命に頑張るようになった。

処方せん

部員に語った結果，皆が頑張ったという話しか見えず，**その言葉をきっかけに頑張ったのか，たまたまそうなったのかが判断できません**。たとえば，試合で惨敗したのは何が原因で，何を部員に語り，働きかけ，どのような結果を導いたのかというように，より**具体的に説明**をする必要があります。

AFTER

私の長所は向上心があるところだ。ある日、私のクラブは対外試合で惨敗した。私はそのとき、「失敗した原因がわかれば、それを正せば成長する。一緒に頑張ろう」と声をかけ、反省したことを正すことが勝利への第一歩であると部員に訴えた。すると、どうすれば改善できるのか、皆が少しずつ意見を述べ始めた。そして、最後には活発な議論となり、それが次の試合の勝利につながった。

 ## 長所の説明に関係しない記述を省こう

　説明をするとき，思いついたことをそのまま文章に連ねて，T（長所）と関連しない話を盛り込んでしまいがちです。特に，体験の説明をする際，むやみに実績自慢をしたり，「こうなったのも，先生や先輩方のおかげです」などと，自分ではなく他者のアピールをしてしまう受験生がいます。そうならないように，長所の説明以外の記述を極力省き，無駄のない文章を目指しましょう。

 BEFORE

私の長所は問題解決力があるところだ。先日、募金活動に参加した。夏の暑い日であった。まずは、募金の目標金額を決めた。そして、街のあらゆるところに散らばり、活動を始めた。私は、灼熱の太陽の下で声を枯らして募金の大切さを訴えかけた。

処方せん 問題解決力をアピールすべきなのに，**募金活動の描写に過ぎない記述が続きます。アピールしたい長所に関連する記述に絞って書きましょう。**

 AFTER

私の長所は問題解決力があるところだ。先日募金活動に参加したが、このところ募金額が低迷しつつあった。それは、活動の重要性が伝わらなかったのが原因だと考えた。そこで、活動をまとめたリーフレットを用意し、帰宅後でも募金が振り込めるように振込先も明記した。そうしたところ、募金額が倍増した。

① 体験を分析するとき，**問題発見→原因分析→問題解決のプロセス**を踏もう。
② 長所に関係ない記述は省こう。

item 15　Ⅰ（長所の活かし方）を示す

キミの成長にどう活かせたのか

　長所の活かし方を説明するときのポイントは，キミの長所が，自身の成長にどのように役立ったのかをしっかりと述べることです。学校行事の成功や大会の成績を挙げるだけでなく，キミの考え方や価値観，行動がどう変化したのか，自分自身の成長に主眼を置いて説明してみるとよいでしょう。

> **BEFORE**
>
> 私の長所は誠実さである。その性格のおかげで、全国学生書写書道展の文部科学大臣賞をはじめ、様々な書道展で優秀な成績を収めることができた。

処方せん

実績だけを述べると，単に自慢をしたがる性格であるかのように見えてしまいます。実績を挙げるだけでなく，**自分の長所がキミ自身をどのように精神的に成長させたのかを説明する**と，印象のよい文章となります。

> **AFTER**
>
> 私の長所は誠実さである。書道を通して、自分の至らぬところと真正面から向き合えるように成長した。先生や仲間からの指摘は、すべて私への励ましだと捉えた。全国学生書写書道展の文部科学大臣賞をはじめとした、様々な書道展で得た優秀な成績は、その結果である。

他者や社会に役立つ長所だと説明する

　キミの長所は，自分だけでなく他者や社会にもよい影響を与えているものです。長所を活かして，自分の成長を促したり他者の意識を変えたりしています。そして，その**長所は社会をよりよくするために役立つ**ものになるはずです。キミの長所の重要性を上手に伝えるために，**自分だけでなく，他者や社会へどのようなメリットをもたらすのか**をしっかりと述べましょう。

将来の成長にどう活かしたいのか抱負を述べる

　学校側は，受験生が入学後どれだけ成長し頑張れるのか，という点が気になります。自己PR文では，その期待に応える人物であることを表現したいところです。

① 「専門学校で長所を活かして勉学に励みたい」という意図を伝える。

② 「学びたいこと」を具体的にする。

　　　このときは，志望校のパンフレットやカリキュラムなどの情報を参考にします。どう学びたいのか，その目的は何か，というところまで掘り下げましょう。その学びの中で，どのように長所が活かせるか考えてみましょう。

③ 「社会人になっても長所を活かして活躍したい」という旨を説明する。

　　　志望学科に関連する職業や将来就きたい職業と絡めたり，理想の人物像に照らし合わせたりしましょう。

 BEFORE

私の長所は粘り強さと実行力である。粘り強く努力すれば、成果はついてくることを学んだ。また、困難に立ち向かう力も得ることができた。今後も自分自身を成長させるために努力したい。

 長所を自己の成長に活かし、これからも役立てたいという趣旨は伝わります。もっとよくするために，この**長所を他者や社会にどのように役立てたいのか**，説明するとよいでしょう。

AFTER

私の長所は粘り強さと実行力である。粘り強く努力すれば、成果はついてくることを学んだ。また、困難に立ち向かう力も得ることができた。こうした力は、大きな課題であればあるほど必要となる。私は理学療法士を志している。患者の方と真正面から向き合い、障害の原因追究や解決に向けての行動を続けるためには、粘り強さと実行力が重要である。今後は自分自身を成長させるためだけでなく、患者の方一人ひとりの生活を守るために日々努力を続けていきたい。

---

 ① 長所が**自己の成長に役立っていることを説明**し，社会にも役立つことを述べよう。

② 入学後，**長所をどう活かしたいのか**，抱負を述べよう。

自己PR文模範回答例①
（部活動）

BEFORE

　私の長所は、何事も前向きに考えられるところだ。それは、後ろ向きな話でも視点を切り替えれば前向きなものに見え、問題解決につながることを知ったからである。

　部活動で起こった問題に向き合ったとき、自分には今何ができるのか、問題解決の末にはよいものができるのか、考えてきた。私は演劇部で部長をしていたとき、発表に向けて台本を読んだり立ち稽古をしたりする間など、部長が一番しっかりとしなければいけないと思っていた。皆をまとめることがこれほど大変なのかと思ったこともあったが、信頼を築き上げることで困難を乗り越えてきた。おかげで県高等学校演劇発表大会において最優秀賞を受賞し、全国大会へ出場した。また、放送委員をやっていたときも、学校行事などでの放送設備の準備やセッティング、スポットライトの操作、実況放送をしてきた。様々な問題が起こったが、持ち前のリーダーシップを発揮して壁を乗り越えることができた。そして、長所を活かすため生徒会長に立候補し、当選を果たした。このように、長所が活かせる活動に積極的に取り組んできた。生徒会長は全校生徒の前で話す機会が多いが、全員に伝わるように、放送委員で鍛えたアナウンス技術を駆使した。また、会議では皆が納得するように意見をまとめた。時には話し合いに参加してくれない者もいたが、どうすれば話し合いに参加してくれるかを考え、まずは声掛けから始めた。そうすると、皆が参加してくれるようになった。

　前向きに考えるときは、スケジュールを立てて効率よく物事を進めることが大切だ。闇雲に取り組んでも、成果が出なかっただろうと思う。計画性を持って取り組むことは、他の人がついてくる方法でもある。これまで、思い切って行動する大切さを学び、多くの人々の賛同を得てきた。日々の行動をより改善するため、長所がもっと活かせるように、活躍の場を広げていきたい。

処方せん

Ｔ（長所）　…「『何事も』前向きに考えられる」と述べていますが，「何事も」と言える根拠が不明確で，説得力を欠いています。

Ｋ（経緯）　…部活動や放送委員，生徒会長の仕事で頑張ったことは伝わりますが，そのことで，なぜ前向きに考えられるようになったのかわかりません。

Ｉ（活かし方）…専門学校進学後，社会人になったとき，どのように長所を活かしたいのか，読み手には伝わりません。

問題を自ら意識させる組織をつくるためには、そのモデルとなる考えをリーダーが示し、その成果を目で見えるように工夫しなければならない。私は演劇部の部長として、チームのメンバーの自主性を育む努力をしてきたことをアピールしたい。

　私が部長になる前年までは、主役を演じる人が部長となり、カリスマ性をもとに部を取りまとめていた。しかし、私は音響の担当であり、カリスマ的リーダーシップを取ることは困難だった。私が部長を務め始めた当初は、積極的に発言する人が主導権を握ることが多く、部内の勢力が対立する原因にもなっていた。これらは部員のモチベーションの低下にもつながり、部内の人間関係も良好とは言えなかった。そこで私はリーダーシップの在り方について、再考することにした。

　まずは、目標を明確にすることから始めた。わが部では全国大会出場が至上命題であり、最高の作品をつくり上げる環境を整えることを最優先すべきだと部員に伝えた。その上で、部門のリーダーと話し合いをして達成すべき課題を決め、そのチェックをする仕組みをつくった。さらに、私は1週間の間にすべての部員と会話することを習慣とした。些細な話から部員の不満や要望を見つけ、すぐに達成課題に盛り込んだ。最初、部員は戸惑っていたが、目標達成の成果が見え始めると、積極的に改善案を述べる人が増えた。また、私に直接話をしてくれる人も出てきた。全国高等学校演劇発表大会へ出場できたのも、こうした取り組みが役立ったからだと考えている。

　部長の経験を通して、リーダーが目標達成のための手本を示すことが大切であることを学んだ。私は専門学校に入学し、医療現場のマネジメントについて学びたいと考えているが、この経験は貴重なものであったと思う。組織が成果を生み出すための方法を、リーダーシップという視点から捉え、よりよい組織の在り方を考えられる人材になれるよう、これからも成長してきたい。

✔チェック

T（長所）　…チームのメンバーの自主性を育む力があることをアピールしたいということが伝わります。

K（経緯）　…部内の問題を探り，リーダーシップの在り方を変えることで解決したという道筋がよくわかります。

I（活かし方）…自主性を育む力を，専門学校での学習に活かしたいという意志が明確に示せています。

item 17 自己PR文模範回答例②（学校生活）

BEFORE

　私の長所は、真面目なところである。役割を与えられれば、それをこなすことはとても得意だ。

　私は高校1年生のとき、文化祭実行委員の会計係をした。そして2年生でも実行委員になり、イベント係になった。わが校では委員になれるのは2年生までなので、私はイベント係の最上級生で委員長となった。その年の文化祭開会式では、イベント係でダンスを披露することになったので、文化祭に向けて、実行委員のメンバーと日々の練習に取り組んだ。私は、イベント係ははじめての経験だったので、不安がいっぱいだった。皆で練習することになったが、指導者がおらず、練習内容の決定は私の仕事となった。限られた時間の中で、より効率的な練習を考えることが私の課題だった。同じ練習ばかりでは力がつかないと思ったので、本や雑誌などを参考にし、様々な練習に取り組んだ。そして、委員長である私が自分自身に厳しくした。仲間に厳しく言うのは簡単だが、それでは誰もついてこない。私が厳しく練習に取り組むから、他の仲間がついてくると考えたからだ。皆が生き生きと楽しそうに練習する姿を見ると、救われる思いがした。その結果、仲間が練習に積極的に取り組むようになり、開会式当日はミスがなかった。この成功は、仲間がしっかりとついてきてくれたからにほかならない。私の努力だけでは成し得なかったと思う。仲間のおかげだと、今でも感謝している。

　私は理学療法士になりたいと思っている。自分に厳しくするということは、仕事をする上でとても大切なことだと思う。なぜなら、社会的弱者は自立しなければならないからだ。自立しなければ生活の質も自尊心も保てない。そして、自立できるようにしていくためには、問題を探って解決する力も必要だ。私はこの3年間で、真面目に取り組む能力を身につけた。将来、私が理学療法士として人々を支援するとき、一人ひとりのやる気を引き出し、自立につなげていきたいと思う。生きることが楽しいと言ってもらえるように、一生懸命頑張りたい。

処方せん

T（長所）　…「真面目なところ」という長所は**独自性を感じません**。また、「役割を与えられれば」という表現は**受動的な印象を与えます**。

K（経緯）　…真面目さをアピールする**事例説明から話がそれ、仲間をほめる文章**になっています。

I（活かし方）…**真面目さをどう活かそうとしているのかが記されていません**。

AFTER

　私は文化祭実行委員のイベント係を担当し、開会式のときにイベント係のメンバーが踊るタップダンスの指導をした。その経験から、一人ひとりと向き合う粘り強さを身につけたと自負している。その点をアピールしたい。

　私がタップダンスの指導者になったのは、経験者が私だけだったからだ。実行委員のメンバーは誰ひとりダンスを本格的に経験したことがなく、指導は困難を極めた。原因は、大人数で練習を行っていることで、メンバーの状況が把握できないことにあった。私はこの状況を打開するために、メンバーの都合のよい日程に合わせて、私から指導に行くという方法に変えた。メンバーには朝、昼休み、放課後、休日のいずれでもかまわないから、練習できる日程を教えてほしいと伝え、つき添うことにしたのだ。この方法を始めてから、メンバーのステップのレベルが確実に上がっていった。それは個人の進み具合や能力を細かにチェックできたからだ。ダンスが苦手な人には私がつきっきりでステップを教え、それでも思うように上達できない人は、危機意識から私との練習を増やそうとしてくれた。メンバーは、その繰り返しを経て技術を身につけていったのだと考える。最終的には、全員がソフトシューやターンといった標準的なステップを踏めるようになった。私はこの経験を通して、個人の能力を高めるために時間をかけて相手と向き合い、対処法をともに考える姿勢を身につけることができたと思っている。

　私は理学療法士として、高齢者が自立するためのリハビリテーションの技術を学んでいきたいと考えている。それには、高齢者に最適なリハビリテーションを考えることが欠かせない。文化祭実行委員での経験は、まさにそうした場で活かせるものであると考える。高齢者医療は、状況・ニーズなどが個々人で異なるために、高齢者が求める医療を追求するには、時間をかけて相手を理解する粘り強さが必要だ。将来は、一人ひとりの幸せを創造する担い手として、高齢者リハビリテーションの分野で活躍していきたい。

✓チェック

T（長所）　…一人ひとりと粘り強く向き合う力を身につけたことが、しっかりと伝わります。

K（経緯）　…大人数では技術が身につかないという失敗経験をもとに、長所を得た流れが伝わります。

I（活かし方）…将来の進路と結びつけて、長所の活かし方をしっかりと述べて、締めくくっています。

自己PR文模範回答例③（私生活）

BEFORE

「継続は力なり」という言葉がある。この言葉のとおり、私は今でも多くのことを継続し、力を得ていると思う。

私は、小学校4年生のときに転校した経験がある。転校するとき、一番仲のよかった友人と「離れても文通をしよう」と約束した。その文通は今でも続けている。それまでの私は物事を継続することが苦手だったが、その友人との縁を断ちたくないという思いで、毎週交代で手紙を書き続けた。離れてから9年間、関係はずっと続いている。もしこの文通を途中で投げ出していたら、今のような仲のよい関係は築けていなかったと思う。継続することは難しいが、その努力はやがて自分のためになると確信している。

また、私は転校を機に、今まで親任せにしていたペットのケージの清掃をひとりでやろうと決意した。かわいがるだけが愛情なのかと考えたとき、それは自分の勘違いであると思ったからだ。排泄物処理が嫌で清掃をやめたいと思ったこともあったが、継続している。それに応えるように、ペットもいっそうなついてくれたように感じる。

今は、朝食と家族の弁当を毎日作っている。病気のときでも欠かしたことはない。朝食はともかく、弁当の献立を考えるのは大変だけれど、家族が喜ぶ顔を見るとこうした辛いことでも頑張れる。もしかしたら、継続する力は人の笑顔から生まれるのかもしれない。

趣味の絵描きも毎日続けている。昔はスケッチブックを使っていたが、今ではデジタルペインティングの練習をしている。描くのは難しいが、毎日描いていれば慣れていく。上達するには、続けることが何よりも大切だ。

看護師は楽しいことばかりでなく、汚物処理など嫌な仕事もある。さらに、カルテの記入などの地道な作業もある大変な仕事だ。しかし、そこで諦めてしまったらすべてが終わってしまう。この継続力は看護師に必要な能力だと思う。

処方せん

T（長所）　…継続力をアピールしたいのであれば，「私の長所は継続力だ」などと**はっきり示す**とよいでしょう。

K（経緯）　…**例が4つもあると，説明不足の文章**になります。また，いずれの事例も専門学校へ出願する書類として，よいとは言えません。

I（活かし方）…**「嫌な仕事」と表現するのは不適切**です。大変な仕事を行うためには，なぜ継続力が必要なのか，その説明をすべきです。

AFTER

　私は、小学5年生のころから毎日デッサンを続けている。その過程で、自己を見つめる姿勢や観察力を養うことができた。そうした継続力を持つことをアピールしたい。

　私が描き始めたころのデッサンを振り返ると、平面的で、対象を正しく捉えられていない。苦手な部分に至っては、描くのを避けていた。私はそうした問題を解決するために少しずつ努力した。

　最初の課題はバランスの悪さだったので、描きたい物の構造を知ることから始めた。たとえば、人物を描くときには全身写真と図鑑をもとに、骨や筋肉の位置や大きさを確認しながら描くようにした。そして、次は、輪郭線で物を見ずに奥行きを意識して立体的に描くことを課題にした。陰影のつけ方がマスターできたあとは、トリックアートにも挑戦してみた。また、画材も変えた。最初は鉛筆だったが、自信がついてからはボールペン、サインペン、Gペンを使ったり、水彩絵の具やスプレーペンで色づけをしたりした。今はペンタブレットでデジタルアートにも挑戦している。毎日、自らの絵を見つめて課題を見出して改善を重ねることで、今では大概のものを模写することができるようになった。このことで、物事を真正面から捉え、細かな動きを観察する力が身についた。さらに、デッサンのおかげで心の機微による動作の変化に敏感になり、他者を観察する力も身についた。友人への気遣いや声掛け、励ましも以前と比べて増えたように思う。このような気配りができるようになったのは、思わぬ副産物だった。

　私は看護師になりたいと考えている。看護の現場では、個々人にあった支援が求められる。また、患者の方を継続的に見守り、新たな課題を見つけることも必要となる。そのときに、日々のデッサンで養った継続力や問題解決力、観察力、気配りを活用することは欠かせない。こうした能力にさらに磨きをかけていきたいと考えている。

✓チェック

T（長所）　…日々のデッサンで得た継続力をアピールするとともに，自己を見つめる姿勢や観察力を養ったことも述べています。

K（経緯）　…デッサンにおける工夫や努力を具体的に述べ，観察力や気配りする力が身についた過程を示すことができています。

I（活かし方）…看護師に必要な能力を踏まえ，長所の活かし方を説明することができています。

その他の質問には
このように書こう

　　　場合によっては，**学校や職業に対する思いに直結した自己アピール以外の内容**を問われることがあります。生活全般に対する積極性や，キミの本質を見たいからです。質問項目の主なものは，趣味や特技，高校での生徒会や部活動の様子，理想の医療者像などで，それらに対する答えを文章にして提出します。

　こういうときも，志望理由書を書くときに使った構成法を使って文章にします。つまり，**制限字数が多い場合は，「序論・本論・結論」型**の構成を使います。

　① **質問に対する答え**を端的に示す。
　② その**理由や具体例**を示す。
　③ 再び**質問に対する答えを再確認**する。

という構成です。

　制限字数が少ない場合は，「結論・本論」型の構成を使います。上記の③をカット(または少なく)します。

　基本的に，質問に対しては率直に答えてかまわないのですが，あくまでも学校に提出する書類で，読み手は試験官の先生方であることを忘れないようにしましょう。たとえば，「好きな本は何ですか」と問われてマンガ雑誌と答えたり，「特技はありますか」と聞かれて携帯メールの早打ちと答えるといったことは避けましょう。

　以下によく聞かれる質問を挙げておきますので，参考にしてください。

●**自分のことに関して**
・趣味や特技　　　　　・持っている資格　　　　　・尊敬している人
・好きな本や映画　　　・あなたの長所と短所
●**あなたの過去に関して**
・高校での部活動　　　　　　　・高校生活で特に力を入れていたこと
・アルバイトや職業経験　　　　・高校での生徒会活動や課外活動
・ボランティアの経験の有無やそれから得たこと
●**あなたの将来に関して**
・入学したらやってみたいこと　・学校の講義以外でやりたいこと
・理想の医療者像

その他の質問に対する記入例

あなたの好きな本（序論・本論・結論型）

　私が好きな本は、梨木香歩さんの小説『西の魔女が死んだ』である。

　主人公のまいと西の魔女ことおばあちゃんの気持ちが、実に丁寧に描かれている。二人の関係と、私と祖母の関係が似ており、本を読むたびに祖母の愛情を思い出す。登場人物の心情と、私と祖母の関係を重ね合わせることで、異世代の交流の在り方や価値観の理解ができたような気がしている。

　この本は私に他者の考え方を理解することの大切さを気づかせてくれた。だから、私はこの小説が好きなのだ。

● 序論では，質問に対する答えを率直に示します。

● 本論では，答えに対する理由や具体例を示します。

● 結論では，本論をまとめ，質問に対する答えを再度示します。

職場経験（結論・本論型）

▶営業事務（○年○月〜○年○月，３年２か月）

　社外で営業活動をしている社員のサポート全般を行った。伝票整理、データ入力、発注処理、他の社員との調整、事務用品の購入、プレゼンテーション資料の作成などの作業を通して、コミュニケーション能力、事務処理能力、コンピューターリテラシーを養えた。

● 最初に結論（職場経験の内容）を示します。

● 社会人入試では前職について問われることがあります。どのような業務に携わり，どういう能力を得たのかをまとめておきましょう。

学校の講義以外でやりたいこと（結論・本論型）

▶人脈を広げること

　サークル活動やボランティア活動を積極的に行うことで、自分と違う価値観を持つ多くの人と出会い、人脈を広げたい。そうすることで、コミュニケーション能力や他人を理解する能力を養うことができるからである。また、これはチーム医療を推進する医療の現場でも活用できるという利点もある。

● 最初に結論（やりたいこと）を示します。

● 次にその理由などを述べます。医療と関連づけて述べると，日頃から医療者になることを意識しているという積極性がアピールできます。

面接の対策をしよう
【面接の受け方】

これで
合格

Stage4

item 20 何のために面接試験を行うのか

面接試験とはどういうものか

 面接試験とは，試験面接官（専門学校の先生）が受験生に対して様々な質問をし，その質問に対する答えや，そのときの表情や態度などを通して，受験生の本当の姿を見抜こうとする試験の方法です。

　専門学校の先生は，入学するのにふさわしい受験生を見極めるために，様々な方法で受験生の資質を見ます。受験のときに提出する各種の書類や調査書なども チェックされますが，それだけでは見抜けない受験生の特徴が多くあります。そこで，**受験生と直接会い**，入学させてよいかどうかを見極めるのです。

　面接試験は，「入学させたい受験生」を見極めるために行うものなので，受験生は，**専門学校がどういう受験生を求めているのか**を知り，**自分が入学にふさわしい人物であることを演出**することができれば，それが合格への近道になります。

　専門学校が求める人物は，まとめると次の３点になります。

---

① 入学意欲の高い受験生
　「この専門学校に入学しなければならない」という理由を，自信を持って はっきりと説明できる受験生ほど高く評価されます。

② 能力の高い受験生
　成績のほか，部活動での実績，生徒会や委員会，ボランティアなどの活動 への参加状況なども，受験生の能力の高さを見る材料になります。

③ 優れた人間性を持つ受験生
　学校は多くの人が学ぶ場所なので，専門学校側は，その環境を乱す おそれのある人を入学させたいとは思いません。

やる気があります！
成績もいいです！
皆と仲よくできます!!

面接試験の種類

　面接試験の方法（形式）には，主なものに**個別面接**と**集団面接**の２種類があります。また，**集団討論**の形をとることもあります。それぞれの方法の特徴を知っておきましょう。それとともに，自分の志望校はどの方法で行われるのか，前もって調べておかなければならないことは言うまでもありません。

●**個別面接**…５分〜20分程度。受験生１人と面接官

　　　　受験生１人と面接官（専門学校の先生）の間で行われる面接のことです。面接官の人数は１人のときも複数のときもあります。

　　　　多くの専門学校で，この個別面接を採用しています。素直に自分のことを答えましょう。

●**集団面接**…10分〜30分程度。受験生複数と面接官

　　　　グループ面接とも呼ばれ，**一度に複数の受験生と面接をして審査する**試験のことです。

　　　　ただし，この方法でも，あくまでも面接官と受験生一人ひとりとの対話で進められ，受験生どうしが会話することはありません。**対応の仕方は個別面接と同じ**と考えてかまいません。ただし，他の人への質問の途中で，「○○さんはどうですか？」と尋ねられることもあるので，自分以外の人の回答もよく聞いておきましょう。

●**集団討論**…10分〜30分程度。受験生４〜10名のグループ

　　　　グループディスカッションとも呼ばれます。複数の受験生が，与えられたテーマで討論をし，意見を交わします。他の人の意見を聞きながら自分の意見を論理的に述べなくてはいけません。協調性や積極性，指導力などがチェックされます。

　　　　　　　　　集団面接は，他の人の意見が気になるから，個人面接よりも大変かも…。

item 21 面接試験で好印象を与える服装

　　面接官は，試験場に入室する瞬間からキミのことを見ています。このとき，まず最初に目に入るのは身だしなみです。身だしなみが整っていれば，「高校の校則を守れているな」「しっかりとした受験生だ」などと好印象を持ってもらえるでしょう。逆に，乱れた服装や髪型など，身だしなみが整っていないと悪い印象を与えてしまいます。

　　制服は，校則にしたがった着方をしましょう。学校側は，校則をはじめ，与えられた**ルールをしっかり守れる**受験生を高く評価します。また，アイロンをかけるなどして，**清潔感を保ち，丁寧に着ている**ことをアピールしましょう。髪を染める，化粧をする，眉をそるなどといったことは論外です。

制服がある高校生

髪を整え，清潔な髪型にする。

化粧をしたり，アクセサリーを身につけたりしない。

ひげをそり，目やにを取り除く。

肩口のフケや髪の毛を落とす。

上着やブラウスにはアイロンをかける。

上着のボタンをしっかりと留める。

爪を切り，清潔に保つ。マニキュアは厳禁。

爪を切り，清潔に保つ。

ポケットの中にものを入れない。ふたは外に出す。

ズボンはアイロンでしわを伸ばし，折り目をつける。ズボンの裾の長さに気をつける。

靴下は，校則に合わせたものにする。指定がなければ白や紺の無地のものにする。だらしないはき方をしない。

スカートはアイロンでしわを伸ばし，折り目をつける。スカート丈に気をつける。

靴は革靴が好ましい。きちんと磨いておく。

また，**制服がない場合**は，派手（華美）**でない服装**を選んでください。スーツが一般的です。着方や清潔感を出すことなど，基本的には前ページの制服の場合に準じます。心配な場合は，**学校の先生などに相談**しましょう。

社会人の場合はスーツが原則です。清潔感のある服装を心がけてください。

制服がない高校生

社会人の場合

派手な髪型や伸び放題のパーマやカット，寝癖は厳禁。ひげはそる。

アイロンをかけたワイシャツ。白が基本。

ネクタイは派手すぎない色。

紺，グレーなどのスーツ。

ズボンはアイロンでしわを伸ばし，折り目をきちんとつける。

靴下はスーツの色に合わせて，黒や紺など濃い色を選ぶ。

髪が長い場合はまとめる。色はできるだけ自然な色。

化粧はナチュラルで健康的に見えるように。

ブラウスの色は白が基本。フリルなどの派手なデザインは避ける。

紺，黒，グレーのスーツが基本。スカートは膝下で短すぎないように。パンツスーツでもよい。

アクセサリーをつけるなら，なるべくシンプルで控えめなもの。マニキュアは控えたほうが無難。

ストッキングはナチュラルな色で柄のないもの。伝線したときのために，替えを用意しておくとよい。

靴は黒などシンプルなものを選び磨いておく。

item 22 面接の流れ

多くの場合，面接は以下のような順序（手順）で行われます。この流れをしっかり頭の中にイメージしておくとともに，あとに示した詳しいやり方にしたがって，何度か練習して慣れておくことが何よりも大切です。

入室から退室までの流れ

面接の基本は，面接が始まってから終わるまで，模範的な高校生であることを面接官に「見せる（演出する）」ことがポイントです。そのためには，つねに，**明るく，はきはきと，礼儀正しく，さわやかで，しっかりとした受け答え**をすることが重要です。

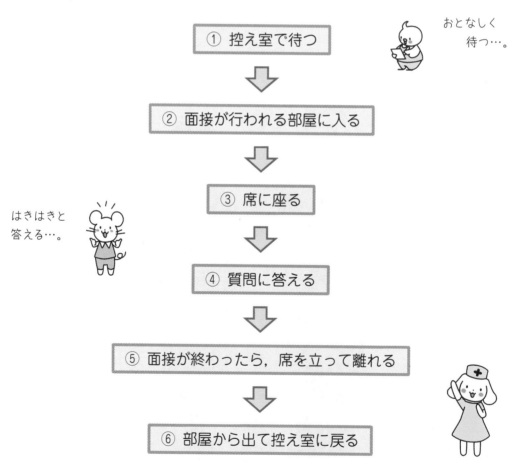

おとなしく
　　待つ…。

① 控え室で待つ

↓

② 面接が行われる部屋に入る

↓

③ 席に座る

↓

はきはきと
答える…。

④ 質問に答える

↓

⑤ 面接が終わったら，席を立って離れる

↓

⑥ 部屋から出て控え室に戻る

では，順に説明していきましょう。

① 控え室での注意

　専門学校側は，控え室でのキミの態度もチェックしています。**控え室で待機しているときから面接試験が始まっている**と言ってもよいでしょう。待っているときも気を抜かないように。ただし，あまり緊張しすぎるとよくないので，できるだけリラックスするようにしましょう。

●礼儀正しい態度で待つ

　礼儀正しい態度で，静かに順番を待ちましょう。控え室に書かれている注意書きなどはきちんと読んでおくこと。
　友達とおしゃべりして騒ぐ，教室をうろつき回る，だらしなく座る，居眠りをする，これらはすべて NG 行動です。**控え室での行動も面接の一部**だということを忘れないようにしましょう。

●書類は丁寧に書く

　書類などを書くよう指示されたら，丁寧に書きましょう。**試験本番で，書いた内容についての質問が出る**こともあります。**何を書いたかもきちんと覚えておく**必要があります。

●トイレは済ませておく

　トイレには早めに行きましょう。また，行くときには，勝手に席を離れず，**係の人に申し出る**ようにしましょう。

●携帯電話やスマートフォンの電源は切っておく

　礼儀正しい態度の一部かもしれませんが，携帯電話やスマートフォンの利用自体がごく最近のことで，扱いについて徹底されていないようですから，改めて注意しておきます。**電源は必ず OFF にしておきましょう。**控え室だから大丈夫だと思って電話で会話をする，音が漏れなければ問題ないと思ってイヤホンを利用して音楽を聴く，着信の音を響かせる，すべて NG です。音が出なければいいと思ってマナーモードにしていても，バイブレーションの音は静かな部屋ではとても響きます。携帯電話やスマートフォンでメールやゲームをするのが論外であることは言うまでもありません。気をつけましょう。

② 入室とお辞儀の仕方

 入室の仕方

呼ばれて面接が行われる部屋に入るときに第一印象が決まります。**第一印象がよいと好印象のまま面接が進み**，必ずよい結果が出るに違いありません。動作には注意しましょう。

ノックをする
OK
呼ばれたら，はっきりとドアを3回ノックします。

NG
順番が来ると，「次の人，どうぞ」などと呼ばれます。ボーっとして聞きのがしてはいけません。
どうぞ ぼー

静かにドアを開ける
NG
乱暴に開けてはダメです。
バン

笑顔で挨拶する
OK
さわやかな笑顔とともに「失礼します」と言って入室します。

失礼します。

静かにドアを閉める
NG
乱暴に閉めたり，開け放したままにしたりしてはいけません。後ろ手で閉めるのもやめましょう。
バタン！

一礼する
OK
その場で面接官に向かって直立し，一礼します。

お辞儀の仕方

面接では，入室や退室のときにお辞儀をしますが，これにもルールがあります。適切なお辞儀の仕方を知り，よく練習しておきましょう。

● **相手を見てお辞儀をする**
お辞儀をするときは相手を見ます。お礼の意味を相手に伝えるために大切なことです。

● **腰より上はまっすぐにする**
頭だけをチョコンと下げてお辞儀をするのは，面接官にあまりよい印象を与えません。**腰から上はまっすぐに保ちながら折り曲げる**形のお辞儀をします。

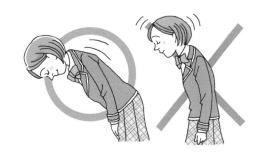

● **お辞儀の角度に注意する**
お辞儀は，**礼をする角度**によって3種類に分けられます。
① **会　釈**…15°程度のお辞儀。**入室や退室**するときに行う。
② **敬　礼**…30°程度のお辞儀。**着席前**に行う。
③ **最敬礼**…45°程度のお辞儀。**面接終了後**に行う。

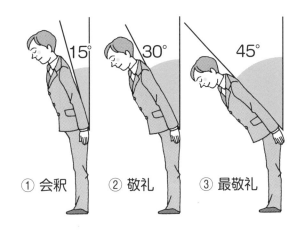

① 会釈　　② 敬礼　　③ 最敬礼

 話しながらお辞儀をするのはダメ！

よく「ありがとうございました」と礼を述べながらお辞儀をする人がいます。しかし，こういうお辞儀は面接官にいい加減という印象を与えてしまい，よいとは言えません。こんなときは「ありがとうございました」と礼を述べたあとにお辞儀をすると，丁寧さが伝わります。

③ 着席の仕方と美しい姿勢

 着席の仕方

部屋に入ったら着席しますが，そのときも順序があるので注意しましょう。

いすの横に立つ
OK
席の側まで進み，
いすの左横に
立ちます。

名前を言う
×〇番
〇〇〇〇です。
OK
「×〇番，〇〇〇〇です。
よろしくお願いします」と
言います。

一礼する

指示を待つ
座って
ください。
NG
面接官からの
指示がないのに，
座ってはいけま
せん。
‥‥

静かに着席する
NG
いすを乱暴に引くと，
耳ざわりな音が出る
ので気をつけましょう。
また，大きな音を
立てて座らないように。

美しい姿勢

　面接官に与える印象を大きく左右するものに姿勢があります。悪い姿勢は印象がよくありませんので，**正しい姿勢の保ち方**を知って，日頃から練習しておきましょう。

頭を傾けない。
頭を傾けると，面接官に
不安定な印象を与える。

背筋を伸ばし，緊張感を
保った姿勢を心がける。
頭のてっぺんを上から
引っ張られているように
イメージするとよい。

指先をまっすぐにのばす。

片足だけに重心が
かからないようにする。

かかとをつけ，
つま先を少し開く。

背筋を伸ばし，背もたれに
寄りかからない。

面接官のほうを向き，
視線を相手の顔に
向ける。

手は膝のあたりに
添える。男子は指先
を軽く丸め，女子は
手のひらを重ねる。

かかとを床に
つける。

④ 質問の答え方と好印象を与える話し方

 質問の答え方

　面接試験では，質問されたことに対してきちんと正しく答えることが大切です。答えるときの表情や姿勢，言葉づかいなども重要になります。

●的確に答える

　質問をよく聞いて，どういったことを問われているのかを理解し，それに対して正しく答えます。的外れな答えでは評価されません。

●視線を外さない

　うつむいたり横を向いたりせず，**面接官のほうにきちんと体を向け，面接官の目元あたり**を見ながら話しましょう。話している間は視線を動かさないように。

●姿勢を崩さない

質問を聞いているときはもちろんのこと，質問に答えているときも，表情や姿勢に気を配り，**だらしない格好にならない**ようにします。

●正確な言葉づかいをする

話し言葉や若者言葉を使わず，**敬語を適切に用いましょう**。改まった表現（「恐れ入りますが…」など）も使うように意識します。

 ## 好印象を与える話し方─表情

　会話をするときには，話の内容を聞くだけではなく，話している相手の表情も見るものです。キミが，自信のない表情や暗い表情で答えていれば，それが面接官にも伝わります。逆に，自信のあるさわやかな表情で答えていれば，面接官にもそれが伝わり，印象がよくなります。話しているときの表情は，実は大きな働きをするのです。さわやかな表情をつくるポイントは，次の３点です。この３点をつねに意識して，相手によい印象を与える話し方を心がけましょう。

●口角を引き上げる

口角とは，唇の左右のはしの部分を指します。**口角を引き上げるとさわやかな表情**をつくることができます。逆に，口角をゆるめたり，さらに進んで口を開きっぱなしにしておいたりすると，だらしなく見えます。

●目を大きめに開く

目を開いて相手を見つめると，その人の意志や内面の強さなどが表れていると感じさせます。そのようにして話すと，話の内容に力強さを与えるとともに，よい印象で受け取ってもらえます。

●目線はまっすぐ水平に

あごを引き，面接官の目元からのど元（ネクタイの結び目の位置）あたりを見るようにすると，キミの目線はほぼ水平になります。**話すときは目線を水平に**することを忘れてはいけません。目線が，水平ではなく上からのぞき込む（目線が下向き）と横柄な印象に，下から見上げる（目線が上向き）と暗い印象を与えるので，どちらも避けましょう。

好印象を与える話し方―声の調子

　面接では，キミが思っていることや考えたことを言葉にしますが，その言葉が面接官にしっかりと伝わるようにしなければなりません。そのときに最も重要な要素が声の大きさです。

●やや大きめに声を出す

　面接試験は，多くの場合，教室や会議室のような比較的大きな会場で行われるので，普通の会話のときの大きさで話すと，声があまり通りません。**やや大きめに声を出し，口をはっきりと開けて話す**ように心がけます。

●話すスピード

　早口で話すと，「落ち着きがない」という印象を与えがちで，よくありません。**大切なところはゆっくりと，そうでないところは早口にならない程度にやや速めに話すなど，話すスピードに少しメリハリ**をつけると，印象深く聞いてもらえます。

●声の高さ

　高い声で話すと，「幼稚っぽい」といった悪いイメージを与えやすいので，**落ち着いた低めの声のほうが説得力のある話し方**ができます。ただ，あまり低くなりすぎると「ボソボソ」話しているような感じを与えるので，気をつけましょう。

●声の強弱

　弱い声だと，自信のない発言のイメージを与えます。重要なところは声を強め，そうでないところは適度な強さの声で話すなど，**声の強さにもメリハリをつけて話す工夫**をすると，印象深い話し方ができます。

⑤ 離席の仕方

面接官からの質問が終わったらすべてが終わりというわけではありません。

⑥ 退出の仕方

　面接会場から出たとき，終わった安心感から，「終わったぁー」などと大声を出したり，ダラダラ歩いたりしたら，それまでの努力は水の泡。**面接試験は学校を出るまで続いています。**気をつけましょう。

まとめ

 面接試験の勘違い

面接試験を受けるときに起きやすい勘違いについて述べておきます。

時々，面接試験ではふだんの自分を見てもらうのが本当だと言って，**面接試験に対する対策を一切せずに試験を受ける人**がいます。その一方で，**ウソで自分自身を固めて試験にのぞむ人**もいます。こういう人は，自分をよりよく見せようとしてウソの実績を挙げたり，考えたこともないような内容を述べたり，使ったこともないような難しい言葉を用いたりするのです。

これらはどれも間違っています。面接試験で大事なのは，TPO に合った自分を演出することなのです。TPO とは，

Time ＝時間，Place ＝場所，Occasion ＝場合

のことですが，面接試験という場所に合った適切な話や振る舞いをする(最大限伝わるように演出することも含む)ことが大切なのであって，その**努力をしなかったり，オーバーに自己主張したり，ウソをついたりすることではない**のです。

 面接の心得

最後に，もう一度主なポイントをまとめておきます。

- ●**入学への意欲や志望学科への関心の高さを示す。**
  志望専門学校や志望学科について，前もって研究しておくこと。しっかり研究している受験生なら，それらに対する熱意や自信は，答えの中身や表情，態度などに必ず表れる。
- ●**服装や髪型などに気をつける。**
  爪や靴など，細かいところまで気を配るようにしよう。
- ●**マナーをわきまえた行動をする。**
  面接という場であることを考えて，高校生としてふさわしい言動をするよう心がける。試験を受けている間だけではなく，控え室での立ち居振る舞いにも注意する。
- ●**面接官に理解してもらえるような話し方を身につける。**
  声の大きさや調子だけでなく，ふさわしい言葉づかいをすること。

面接試験への対策

 面接試験の効果的な対策ポイントを知ろう

　p.70 の「面接試験とはどういうものか」で，面接官が，キミのどのようなところをチェックするのか，つまり「面接官の視点」を説明しました。

　専門学校側がほしい受験生とは **「意欲」「能力」「人間性」** の３つが高い人でしたね。これらが高いかどうかを，面接官は受験生のどのようなところを見て判断しようとしているのでしょうか。改めてポイントをまとめておきますので，もう一度確認しておきましょう。

意　欲…入学への意欲や志望学科への関心があるかどうか。

能　力…提出書類だけではわからない受験生の価値観や主体性はどうか。
　　　　　本人の発言と提出書類の内容とのつじつまが合っているか。

人間性…面接にふさわしい言動ができるかどうか。

　こうした面接官の視点がわかれば，それに対してどのような対策を立てればよいのかがおのずとわかります。それは，ズバリ，

　「見た目」「話し方」「答え方」

の３つをしっかり自分のものにしておくことです。

　では，ひとつずつ見ていきましょう。

 見た目を大切にしよう

　熱意があり，なおかつ，模範的な高校生であることを演出するためには，「見た目」に気を配ることが重要です。「見た目」とは，具体的には**服装**や**髪型**のほか，**態度や表情，立ち居振る舞い**などのことです。これらについては，*p.72 ～ p.83* で学んできました。不安な人はもう一度確認しておきましょう。

　面接官はキミの「見た目」のすべてを観察しています。中でも，**第一印象は面接官に大きな影響を与える**ことがしばしばあるので，しっかりと意識しておかなければなりません。**服装**や**髪型，態度，表情**の細かいところまで注意が行き届いていると，「この受験生はつねに身だしなみには気をつけているな」と，高い評価が得られます。

そのためには，日頃から自分の身だしなみについてこまめにチェックする習慣をつけておくのも大切です。

 ## 相手に伝わる話し方を身につけよう

面接試験では，キミが思っていることや考えたことを言葉にして，面接官に伝えなければなりません。そのために大切なことは，面接官に理解してもらえるような話し方を身につけておくことです（*p.79 ～ p.81*）。声の調子は次の点が重要であることを学習しましたね。

① **声の大きさ** …大きめに声を出し，口をはっきり開けて話す。
② **話すスピード**…スピードにメリハリをつける。
③ **声の高さ** …落ち着いた低めの声を出す。
④ **声の強弱** …強さにもメリハリをつける。

それ以外にも，**面接試験の場にふさわしい言葉づかい**に気を配る必要があります。*item 24* で正しい言葉づかいについて説明しているので，よく読んで身につけておきましょう。

 ## 質問されたことに対してきちんと答えよう

最後は，質問に対する答え方についてです。
面接試験の基本は，質問されたことに対してきちんと正しく答えることです。
それができるためには，**どういったことを問われているのかを正確につかむ**ことが何よりも重要になります。いくら正しい言葉づかいができていても，中身が的外れな答えでは評価されません。
また，面接時に，予想外の質問を受けたり答えを言い間違えてしまったりすることもあります。そんなときの答え方も身につけておくと，本番で慌てることがなくなります。具体的な内容は *item 25* で説明します。

 面接に合った「見た目」「話し方」「答え方」を知る。

item 24 面接にふさわしい言葉づかい

使ってはいけない言葉に気をつけよう

面接では，面接官が不快に思う話し方をしてはいけません。

面接官は，特に若者言葉や話し言葉を使う高校生にはあまりよい印象を持たないので，注意しましょう。これらの言葉は知らないうちに使っていることが多いので，気をつけたいところです。

若者言葉

「超」「普通に～」「一応～」「よさげ」「～じゃん」など，主に若者が日常的に使っている言葉のことです。**面接のときに使う言葉としては適当ではありません。**面接官に，きちんとした言葉づかいができない生徒だと思われてしまいます。

どのようなものがあるか，下にまとめておいたので，確認しておきましょう。

 若者言葉とその使用例 NG

× 超	例）	超がんばってます。
× 普通に	例）	普通に就職したいです。
× マジ	例）	マジ勉強してます。
× よさげ	例）	それ，よさげじゃないですか？
× ていうか	例）	ていうか，学園祭を見てすばらしかったので，この学校にしました。
× っつーか	例）	っつーか，先輩の勧めで，この学校にしました。
× ～な人	例）	私ってきちょうめんな人じゃないですか。
× 私的には	例）	私的にはこの学校を気に入っています。
× 一応	例）	一応陸上部に入っています。
× なんか	例）	なんか，この学校に入りたいと思うんですけど。
× めっちゃ	例）	受かったら，めっちゃうれしいです。

📋 話し言葉

「〜じゃない」「そんな」「やっぱり」「だけど」など，日常の会話でよく用いられている言葉のことです。「部活」などの省略語も，ここに含まれます。**公式な場で用いる言葉としては問題があるので，使わないほうがよい**でしょう。

　よく使われる話し言葉と，その言い換え例をまとめてみました。**正しい言葉づかいができる**ように覚えておきましょう。

 話し言葉 NG

 言い換え例 OK

話し言葉 NG	言い換え例 OK
そんな	そのような
〜だけど	〜ですが
〜っていうのは	〜というのは
〜じゃない	〜ではない
こないだ	この間，先日
やっぱ，やっぱり	やはり
なにげに	何気なく，さりげなく
いろんな	いろいろな
ちゃんと	きちんと，はっきりと
すっごく，すごい	たいへん，非常に
とっても	とても
一発で	一回で，一度で
見れる（ら抜き言葉）	見られる
食べれる（ら抜き言葉）	食べられる
ケータイ	携帯電話
部活	部活動
バイト	アルバイト

 ワンポイント

面接では，「若者言葉」や「話し言葉」は使わない。

人の呼び方を覚えよう

　　　人の呼び方にもルールがあります。おかしな呼び方をすれば減点になるので，きちんと覚えておきましょう。

　自分のことは「わたし」または「わたくし」と言います。

　家族については**「父」「母」「兄」「姉」「弟」「妹」「祖父」「祖母」**などという言い方をします。面接のときなど，改まった場面では「パパ」「ママ」はもちろんのこと，「お父さん」「お母さん」と言わないように。「お兄さん」「お姉さん」「おじいさん」「おばあさん」も同じです。**「お〜さん」は相手を敬う表現で，自分の家族のことを他人に話すときには使ってはいけない**のです。

　反対に，先生方については「担任」「校長」ではなく，「担任の先生」「校長先生」と敬った表現を使います。

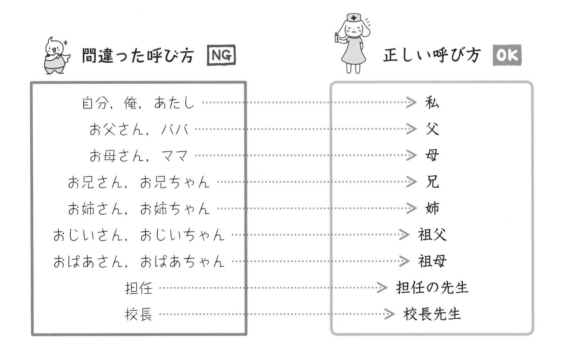

間違った呼び方 NG		正しい呼び方 OK
自分，俺，あたし	⟶	私
お父さん，パパ	⟶	父
お母さん，ママ	⟶	母
お兄さん，お兄ちゃん	⟶	兄
お姉さん，お姉ちゃん	⟶	姉
おじいさん，おじいちゃん	⟶	祖父
おばあさん，おばあちゃん	⟶	祖母
担任	⟶	担任の先生
校長	⟶	校長先生

 自分や身内の正しい呼び方を覚えよう。

敬語を使うことに慣れよう

　面接官はキミよりも大人，つまり目上の人です。目上の人ならば，当然失礼にならないように，そして尊敬の意を伝えるために，敬語を使うのが望ましいですね。しかし，敬語を正しく使うことは，それほど簡単なことではないのです。ふだんから意識して使い，使い慣れておくことが大切です。

敬語には，大きく分けて，**尊敬語・謙譲語・丁寧語**の3種類があります。

尊敬語

相手の動作を敬って言うことで，「～が」（＝主語）に当たる人への尊敬の気持ちを伝える言葉のことです。

「お話しになる」などのように，「**お**（または「**ご**」）**～になる**」という形で表すのが一般的です。ただし，「行く」の尊敬語が「いらっしゃる」であるように，尊敬を表す特定の言葉がある場合はそちらを優先します。特定の形になる言葉については，**p.91**にまとめてあるので，覚えておきましょう。

尊敬語は，学校の先生や目上の人に対して使います。先生方の呼び方については，前に書いたように「担任の先生」「校長先生」と言うことを忘れないように。ただし，**自分の家族のことを話すときは，両親など歳上の人であっても尊敬語は使わない**ので，注意しましょう。

間違った使い方 NG

担任がそう言いました。
校長が来ました。
先生がお話しになられています。

 正しい尊敬語の使い方 OK

担任の先生がそうおっしゃいました。
校長先生がお見えになりました。
先生がお話しになっています。
先生が話されています。

 　3つ目の例のように，1つの語に同じ種類の敬語を重ねて使ってしまう間違いを，二重敬語と言います。敬語は重ねすぎてもおかしな言い方になります。気をつけましょう。

尊敬語は，自分の動作には絶対に使いません。謙譲語を使います。緊張すると，言い間違いをしやすいので，ふだんから正しい敬語を使うことが大切です。

謙譲語

　自分の動作をへりくだって言うことで，「～に」(＝目的語)に当たる人への尊敬の気持ちを伝える言葉のことです。「お話しする」などのように，**お**(または「**ご**」)**～する**という形で表すのが一般的です。ただし，「言う」は「申す」，「行く」は「参る」「伺う」などのように言います。特定の形になる言葉については，*p.91* にまとめてあるので，覚えておきましょう。**謙譲語は，自分や自分の家族について話すときに使います。**また，動作だけでなく，人の呼び方にも気をつけなければなりません。家族の呼び方については，*p.88* にあるので，見直しておきましょう。

間違った使い方 NG　　　正しい謙譲語の使い方 OK

間違った使い方 NG	正しい謙譲語の使い方 OK
私のお父さんは会社員です。	➢ 私の父は会社員です。
ご都合を聞いてから行きます。	➢ ご都合を伺ってから参ります。
校長先生にそう言いました。	➢ 校長先生にそう申しあげました。

 ## 丁寧語

　文末に「**～です**」「**～ます**」「**～でございます**」といった表現(丁寧語)を使うことで，全体に丁寧な印象を与えることができます。この方法はそう難しくないので，ぜひ覚えておいてください。尊敬語や謙譲語の使い方に自信が持てないとき，**文末の言葉を丁寧語にするだけでも相手に対する尊敬の気持ちがある程度は伝わります。**「です」「ます」は必ずつけて話しましょう。

間違った使い方 NG	正しい丁寧語の使い方 OK
その話は父から聞いて知っている。	➢ その話は父から聞いて知っています。
今まで考えたこともない。	➢ 今まで考えたこともありません。

できるだけ敬語を使う。少なくとも丁寧語は必ず使うようにする。

●よく使う言葉の尊敬語と謙譲語

基本語	尊敬語	謙譲語
言う	おっしゃる	申す，申しあげる
聞く	お聞きになる，聞かれる	伺う，承る，お聞きする
見る	ご覧になる，見られる	拝見する
食べる・飲む	召しあがる	いただく
する	なさる，される	いたす
行く	いらっしゃる，おいでになる，行かれる	参る，伺う，お伺いする
来る	いらっしゃる，お見えになる お越しになる，来られる	参る，伺う，お伺いする
思う	お思いになる，思われる	存じる
もらう	お受け取りになる	いただく，頂戴する
持つ	お持ちになる，持たれる，お持ちくださる	お持ちする
知っている	ご存知だ，知っていらっしゃる	存じている，存じあげている
与える	くださる	差しあげる
会う	お会いになる	お目にかかる

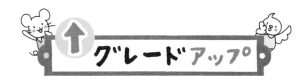

●キミの話し方の癖をつかもう

　話し上手になるために，自分自身の話し方の癖をつかみましょう。やり方は，次の通りです。
　　①身近な人に尋ねる。
　　②自分が話しているところを録音し，あとで聞いてみる。
　発見した癖が気になるものなら，まずそこを直すことが上達への近道です。

●「…っすか」は敬語？

　若者が，「本当っすか」とか「本当っすよ」のように，「～っすか」「～っすよ」という表現を使うことがあります。それぞれ「ですか」「ですよ」という**丁寧語の語尾を短くしたもの**と考えられていますが，これは敬語でしょうか。どう考えても，**親しみの気持ちが伝わることはあっても尊敬の気持ちが伝わることはありませんね**。目上の人である面接官に対して用いる言葉ではありません。

item 25　質問に対する答え方

意見と理由をセットで述べよう

　　答え方の基本は，**筋道を立てて考えた末の答え**であることを面接官に伝えることです。そのためには，答え方に工夫が必要です。

理由も述べよう

　質問に答えるのはもちろんですが，**そう答えた理由にまで触れる**ことです。そうすることで，**答えの正当性がアップ**し，面接官に与える印象も強くなります。

具体的な経験を述べよう

　答えや理由を裏付ける具体的な体験や観察，エピソードを回答に含める準備をしておくと安心です。つまり，「**こういった具体的なことがらから，この答えを導いた**」と示すのです。

　具体的なことがらはキミ自身が体験したことなので，**回答の独自性をアピール**できることはもちろんのこと，面接官にも理解してもらいやすくなります。

予想外の質問をされたときの対処法を覚えよう

　　面接試験対策として，質問されるであろう内容を考え，答えも用意しておくことが欠かせませんが，実際の面接試験では，あらかじめ考えておいた質問以外のことを尋ねられることがよくあります。そんなときはどうすればよいのでしょう。

とりあえずできるだけ粘って考える

すぐに「わかりません」と投げてしまわないで，たとえば，「今考えますので，少し時間をいただけませんか」などと言って考えるのです。そうすれば，必ず何かが思い浮かぶものです。

 ## 答えられなくても前向きな姿勢を示す

しかし，**どうしても考えつかなかったり，その話題自体を知らなかったりする場合**もあるでしょう。そんなときは，「そのことは残念ながらわかりませんが，家に帰ったら調べてみます」などと，**前向きな姿勢**を示しながら答えるようにします。たとえ答えられなくても，この「前向きな姿勢」は評価されます。

 ## 知ったかぶりやウソは厳禁

あいまいな知識をもとに**知ったかぶり**をして答えたり，まして**ウソをついて答えたりするのはよくありません**。そんなことをしてもすぐに見破られて，最悪の結果にしかなりません。

 ## 答えを言い間違えても慌てないようにしよう

面接本番では，緊張するので，答えを言い間違えてしまうこともあります。そんなときは，落ち着いて**「申し訳ありません。間違えました」**と言って，もう一度答えを言い直せば大丈夫です。**慌てないようにすることが大切**で，舌を出したり，「やばい！」などと言ったりしないようにしましょう。

 ## 質問がわからないときは聞き返そう

質問の意味がわからなかったときは，恥ずかしがらずに「○○とは，どういう意味ですか？」とか「○○とは，〜という意味ですか？」などと**尋ねてみましょう**。わからないまま，いい加減な答えを言ってはいけません。また，質問が聞き取れなかったときも，素直に「申し訳ありません。質問が聞き取れなかったので，もう一度お願いします」と面接官に伝えましょう。**「え？」とか「はあ？」とか言うのは失礼に当たりますので，してはいけません。**

item 26 頻出質問模範回答例・NG回答例

　　ここでは，実際の面接でよく聞かれる質問を挙げました。それに対する模範回答例とNG回答例も載せてあります。答え方のコツも解説しているので，どんなことに気をつけて回答するのかがわかります。それぞれの回答例を参考にしながら，キミ自身の答えをまとめておきましょう。

テーマ1　志望理由に関する質問 なぜ，その専門学校または学科（コース）を選んだのか？入学意欲はどの程度か？
テーマ2　理想の医療者像に関する質問 患者にとって理想的な医療者とは？受験生は公共心を持つ人物か？
テーマ3　他校受験に関する質問 その専門学校を第一志望にしているかどうか？入学する意思はあるか？
テーマ4　専門学校生活に関する質問 入学後に興味があることや関心事，進学に対する意識は？
テーマ5　将来に関する質問 自分の将来について，きちんとした目標を持っているか？
テーマ6　自分自身に関する質問 自分自身を冷静に観察でき，前向きに捉えることができているか？
テーマ7　尊敬する人に関する質問 尊敬する人は誰か？その人を尊敬する理由は何か？
テーマ8　長所と短所に関する質問 自分のよい面・よくない面をきちんと自覚できているか？
テーマ9　特技や趣味に関する質問 どんなことに関心があるのか？打ち込んでいるものはあるか？
テーマ10　学業・調査書に関する質問 学習意欲や学習態度，調査書の内容を問われる。
テーマ11　高校での部活動に関する質問 部活動に対する認識や積極性を問われる。
テーマ12　高校生活に関する質問 高校生活が充実したものであったかどうか？
テーマ13　社会的な出来事に関する質問 社会の動きに対する興味や関心を持っているかどうか？

テーマ1　志望理由に関する質問

ケース 1-1　なぜ本校を希望したのですか。

面接試験の質問で最も多いのは，志望理由に関するものです。面接官に納得してもらえるような答えを用意しておかなければなりません。

志望理由を考えるときにポイントとなることは，次の2点です。

① キミの将来の進路と結びつけて答える。
② 志望校の特徴や魅力と結びつけて答える。

私は，将来人々の心のケアができる看護師になりたいと考えています。こちらの学校では，基本的な看護技術を身につけられるだけでなく，医療現場の視点からチーム医療の重要性を意識して組み立てられた授業を行っておられることに魅力を感じ，志望しました。

> 将来の目標を決めた上で，本校を選んでいる。また，医療現場への関心もあるようだ。

こちらの学校のオープンキャンパスへ伺った際，リハビリテーションが社会を支える役割を担うことを知りました。そして，高齢化が進んでいく中で，特に理学療法士が高齢者の自立に当たって大きな役割を担うことを自覚しました。私はそうした社会を築く担い手のひとりとして活躍したいと願い，実力がつけられるカリキュラムがある貴校を志望しました。

> 社会状況を理解した上で，医療職の重要性を述べている。また，本校の特色も理解しているようだ。もう少し尋ねてみたいな。

担任の先生が，こちらの学校なら私に合っていると勧めてくれましたので，そうしました。

> 自分で選んだわけじゃないのか。進路選択を他人に任せるなんて…。

この質問は，キミ自身に本当にその**専門学校に入学したいという強い意志**があるかどうかを確かめるためのものです。そのため，「自分はこの専門学校に入りたいんだ」という**気持ちをアピール**することが何よりも大切で，キミの意志や意欲が感じられない内容ではダメです。志望校のカリキュラムや校風などに自分が共感していることを示したり，進学したらどのような学校生活を送りたいかを伝えたりして，キミ自身がよく考えて志望校を決めた点を強調しましょう。

ケース **1-2** なぜこの学科（コース）を選んだのですか。

同じリハビリテーションの中でも，自立するために必要な能力を養うことができる作業療法は，自立支援にとても必要だと感じました。こちらの学科で学べばその支援の担い手になれると思ったからです。

様々な選択肢がある中で，この学科を選んだ理由がとてもよく伝わる。しっかりと考えて判断している点が評価できるな。

オープンキャンパスのときの作業療法学の模擬授業がすばらしいと思ったからです。

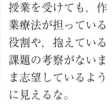

授業を受けても，作業療法が担っている役割や，抱えている課題の考察がないまま志望しているように見えるな。

この質問は，**志望した学科（コース）について十分理解があるか**を見るためのものです。キミは，憧れや想像だけで職業を決めていませんか。仕事内容や将来的なニーズ，現場での課題や問題を理解していますか。この機会によく考えて，希望する学科（コース）と自分の将来像がうまくつながるような答えを準備しておいてください。

ケース 1-3 他校と比べて，本校のどのような点がよいと思いましたか。

GOOD 模範回答例

他校と比べ，こちらの学校では，医療技術を低年次から学べるカリキュラム設計になっており，補習やグループ学習が日常的に行われています。また，授業では実習との関連性を意識しながら，理論と実践が結びつくように意識しておられることがわかりました。こうした環境は他校にはない魅力だと考え，貴校を選びました。

様々な選択肢がある中で，この学科を選んだ理由がとてもよく伝わる。しっかりと考えて判断している点が評価できるな。

BAD NG回答例

校舎が新しく，しかも全体に広々としていてすばらしいと思いました。ぜひこんなところで勉強してみたいです。

見た目で選んだのか。カリキュラムや授業など，もっと中身を見て決めてほしいな。

アドバイス

　この質問も，志望校のカリキュラムや特徴をしっかりと理解した上で入学を希望しているかどうか知るためのものです。他校のオープンキャンパスに行ったかどうかを尋ね，志望校と比べることを求められる場合もあります。見かけや他人のうわさ話などではなく，自分自身で志望校の特徴をきちんと理解した上で，それが自分にとって魅力的であることを伝えましょう。**校舎の美しさやオープンキャンパスでの雰囲気など，見た目の印象だけで答えるのは問題外**と言えます。

学食のごはんがおいしかったからです。

えっ…？

テーマ2　理想の医療者像に関する質問

ケース 2-1
あなたが考える理想の医療者とはどういうものですか。

理想の医療者とはどういうものかを尋ねられることがあります。どういう医療者が「患者にとって」理想的か，しっかりと考え抜きましょう。

理想の医療者を考えるときにポイントとなることは，次の２点です。

> ① 患者の幸せを追求することが医療者の大前提であることをわきまえる。
> ② 医療技術の提供を通して，患者の生活の質（QOL ＝ Quality Of Life）を保つことが医療者の役割である。

私にとっての理想の医療者は，医療技術を通して，病を患う方の不安を取り除き，生活の質を保てるように支えてあげられる人だと考えます。医療は患者さんのために存在するものですから，私は，そうした方の幸せを形作る仕事を，全力でしていきたいです。

患者中心の医療を意識している。憧れだけで医療職に就こうという受験生が多い中で，しっかりとした考えを持っているな。

私が憧れている看護師の方は，つねに患者さんの思いを理解しようと対話を重ねておられました。医療技術を身につけていることはもちろんですが，患者さんが持つ苦しみや痛みを理解し，どうすればより幸せな生活が送れるのかを考え，寄り添うことのできる人が，理想の医療者ではないでしょうか。

患者の生活をより豊かにできるかを，患者本人に寄り添いながら考えるという姿勢がよい。看護師からよいことを学んだようだな。

私は病院見学のときに出会った理学療法士の方に憧れて，理学療法の世界を目指しました。様々な器具を使って治療している姿に感銘を受け，この方のような医療者を理想としています。

治療している姿に感銘を受けただけなのか。患者中心の医療を行う姿を見ることはなかったのか？そこまで深く考えずに医療者を志したのかなあ。

　この質問は，キミが患者中心の医療を行いたいのか，行える人物なのかを見極めるものです。医療者を目指す受験生の中には，**医療者への憧れ**が強くて志望する人や，**安定した職**だから志す人もいます。そうした人の中には，**医療現場の大変さや現実を理解していない人**が多いものです。患者の方の**QOL（Quality Of Life ＝生活の質）**を高めることが医療者の使命ですから，その実現のために医療者が仕事に取り組んでいるということをあらかじめ理解した上で，回答をしてほしいですね。

<u>ケース2-2</u>　医療者に会ったことはありますか。その人からどのようなことを学びましたか。

はい。私の母が看護師です。病棟勤務のため夜勤が大変そうですが，私にいつも患者中心の医療と現場の負担のバランスについて語ってくれます。患者さんの生活の質を保つべきだと思いつつ，少ない人数で病棟の看護を行うことの大変さもわかりました。医療者は理想を抱きつつ，それをどう実現するか，苦慮しているのだということを理解しました。

お母さまとだいぶ突っ込んだ話をしているようだな。医療の理想と現実についても理解しているようだ。

はい。高校の研究課題で、働いている方にインタビューする機会があり、そのとき臨床検査技師の方にお会いしました。疾患の早期発見のため、正確に迅速に検査を行うのが仕事です。日々多様化する検査や検査機器に対応していくのは大変だとのことですが、「以前は発見できなかった疾患でも、新しい検査方法で早期に発見できると、大きな達成感が得られ、仕事のモチベーションにつながる」と力強く話しておられました。

臨床検査技師の仕事の内容をよくわかっているようだな。課題ややりがいも理解できているようだ。

いいえ、会ったことはありません。

実際に医療者に会う機会はいくらでもあるのに、そうしないということは、あまり積極的に情報収集をしない人なのかな？意識が高くない受験生を受け入れることは難しいな。

アドバイス

　　医療者へのヒアリングをしているかどうかを尋ねる質問は、キミの医療技術職への興味や関心の度合いを見るのに適しています。**会っていないというのは論外**で、会っていても「働く姿に感動した」くらいの**深い考察のない回答**では、その興味や関心の深さを感じることはできません。ヒアリングするときは、**医療者が追い求めている「患者中心の医療」**という視点をもとに、どう実現しようとしているのか、どういう困難を抱えているのか、どう解決しようとしているのか、といったことをしっかりと尋ねておき、自分なりにまとめておくことが大切です。

医療ミスについての対処法を述べてください。

GOOD 模範回答例

まずは患者さんやご家族の話を丁寧に聞くことから始めます。その上で，明らかに医療者のミスであれば謝る必要がありますし，そうでない場合は様々な方に相談しつつ，よい対応の方法を考えると思います。患者中心の医療が大切ですから，信頼関係を取り戻すためにも，患者さんの気持ちをくみ取ることがまずは大切だと思います。

患者中心の医療を意識して答えているな。また，医療ミスを起こしたときの責任を誰が負うべきか，冷静に考えることができているようだな。

BAD NG回答例

医療ミスは患者さんに迷惑をかけることでもあるし，命の危機にさらすこともあります。だから，すぐに謝ります。私がミスをしたと考えたら，もちろん辛いこともありますが，誠意を持って謝るしかありません。

ミスをしたら謝るのはよいのだが，それが誰のための謝罪なのか，本当に謝罪すべきことなのかわかっているのかな。そして，それが患者にとって本当に適切なのかは，一度考えてほしいものだ。

アドバイス

　医療ミスをはじめとした医療時事に関わるキーワードについて，質問されることがあります。たとえば，QOL，インフォームドコンセント，チーム医療，臓器移植と脳死，出生前診断・着床前診断，遺伝子医療といったものです。多くの場合は，患者中心の医療を実現するために，こうした概念や方法が求められているということを頭に入れて答えていくとよいでしょう。しかしながら，医療ミスに乗じてクレーマーと化す患者がいたり，根拠のない民間医療を優先して余計に病状を悪化させたりする患者もいます。そうした場合においても，医療技術の専門家としてどう患者と寄り添うべきかを考えなければなりません。

テーマ3　他校受験に関する質問

ケース 3-1 本校のほかに受験した学校はありますか。

　併願しているかどうかを尋ねられる場合があります。本気で志望校に入学したいという思いを伝えましょう。

　併願校を尋ねられたときのポイントは，次の2点です。

> ① 専願の場合は，自信を持って「第一志望」と答える。
> ② 併願の場合も，「入学したい」と前向きに答える。

いいえ，ありません。こちらの学校が第一志望です。学校説明会の際，患者の方の症例をもとにディスカッションするなど，専門性の高い看護師を育てる教育をしておられるということを伺い，共感したからです。

本校のことを理解した上で，第一志望としている。しっかりと理由を述べているところに好感が持てるな。

はい。しかし，併願先が受かったとしても，貴校に入学したいです。実習時には，マンツーマンでのきめ細やかなフォローアップがあり，看護の現場で活躍したいと考える私にとって，とても魅力的だからです。

実践的な教育に力を入れている本校のことを理解している。しかも，本校で学ぶことと自分の将来を結びつけて考えているな。

はい。併願しています。第一志望が○○専門学校なので，併願先が受かったときはそちらへ入学しようと考えています。

本校が第一志望ではないのなら，この受験生は合格させなくてもいいかな？

どんな場合であっても，受験校が第一志望であると答えましょう。その際，模範回答例のように志望先の特徴を含めながら回答すると，好印象が得られます。また，併願している場合，素直にその旨を伝えることは悪くありませんが，受験する以上，**「受験校はすべて第一志望である」**という思いを持って臨んでほしいところです。NG 回答例のように，受験校に失礼に当たる回答をしてはいけません。

| ケース 3-2 | 本校は第一志望ですか。 |

はい。もちろん第一志望です。貴校に入学し，高齢者のケアの専門家となれるよう精一杯努力していきたいです。

はっきり第一志望であると答えている。入学後も技術習得に向かって努力してくれそうだ。

……………第一志望です。

即答しないということは，本校は第一志望ではないのかな。もう少し質問すると，本音が出てくるかもしれない。

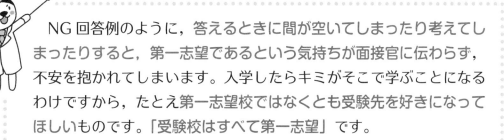

NG 回答例のように，答えるときに間が空いてしまったり考えてしまったりすると，第一志望であるという気持ちが面接官に伝わらず，不安を抱かれてしまいます。入学したらキミがそこで学ぶことになるわけですから，たとえ第一志望校ではなくとも受験先を好きになってほしいものです。「受験校はすべて第一志望」です。

ケース 3-3 本校が不合格になったら，あなたはどうしますか。

第一志望であっただけに，精いっぱい勉強をして受験に臨みましたので，そういう結果になってしまうなら残念ですが，もし不合格だった場合にはその結果を受け入れます。あきらめきれないので，できれば追加募集を待ちたいと思います。

本校が第一志望で，そのための努力もしたようだから，試験の結果を見てみようか。

○○専門学校に合格しているので，大丈夫です。

本校へ志望する熱意がないのか。ずいぶんと受験をドライに捉えている受験生だな。

アドバイス

　意地悪な質問ですね。この質問は不合格になったときの進路を尋ねるだけでなく，受験校へ進学したいという熱意があるかどうかまでも問われていると考えたほうがよいでしょう。ここでは第一志望であることを言い，受験校で学びたいという思いをしっかりと伝えましょう。NG回答例のように，志望先へのこだわりを感じない回答では，キミの熱意が伝わりません。

テーマ4　専門学校生活に関する質問

ケース 4-1　入学後の学習面で特にこうしたいと思っていることはありますか。

　専門学校は既存の技術を身につける場です。「どのような目的」で「どのような技術」を「どのように身につけたいか」を具体的に言えるようにしておきましょう。ですから,「この授業を受けたい」と言うだけでは,説明としては足りません。

　私は,看護の現場で最善のケアができる看護師になりたいと考えています。そのためには,高い看護技術を身につける必要があります。特に小児医療の現場で活躍したいので,乳幼児の身体の特性を理解した上でケアをする技術を小児看護学の授業で学び,実習の中で自分の身体の中に染み込ませたいと考えています。

学ぶ目的が明確で期待できそうだ。将来の目標もはっきりしていて,それを見据えてしっかり学んでくれそうだ。

　スポーツの現場で活躍できる理学療法士を目指しています。競技スポーツの世界では,突発的なけがが原因で復帰に時間がかかることがあります。私はアスリート一人ひとりのけがの様子を理解した上で,身体を改善できるようになりたいです。私も運動をするので,検査法や様々な療法を学び,自分の身体を用いてその技術を確認していくような学び方を進めていきたいです。

自分の身体を使って学ぶという取り組み方はすばらしい。ぜひ本校でも積極的に学んでほしいな。

　臨床検査技師の資格を取るために,毎日頑張って勉強します。

勉強もいいけど,人格も磨いてほしいな。どんな臨床検査技師になりたいと思っているんだろう。

この質問は，進学に際しての受験生の意識や目標を確かめるためのものです。言うまでもなく，看護医療系専門学校に進学する1番の目標は医療技術を身につけることです。そして，その目標の達成のためには，人任せではなく，**自分から積極的に学習しようとする意欲を持ち続けること**が何よりも重要なのです。この質問では，そのことが試されているので，**学ぶことへの意欲を積極的にアピール**するようにしましょう。

テーマ5　将来に関する質問

ケース5-1 本校を卒業してからどうしたいですか。

処方せん　専門学校を卒業してから何をしたいかについては，必ずと言ってよいほど聞かれますから，自分の将来の進路についてきちんと考えておきましょう。

> ① できるだけ具体的な将来の進路を答える。
> ② できれば社会との関わりまで意識した形で答える。

　また，その進路を実現するために，志望校で何をしたいかを述べてもよいでしょう。

将来は，緩和ケア病棟で活躍できるような看護師になりたいと考えています。2人に1人は癌にかかると言われている今日，最期をどのような形で迎えるかは，患者の方にとっても家族の方にとっても大変大きな問題ですから，緩和ケアは今後重要になってくると思います。そのためには，心の辛さを理解しつつ，療養している中で生じる課題を解決できるように，まずは貴校で看護技術を身につけたいです。

将来を見据えて，本校卒業後の進路についても考えている。自分の考えをしっかりと持っているようだ。

具体的な診療科は決めていませんが，患者中心の医療ができるだけの技術を身につけ，医療現場で活躍したいと思っています。特に関心があるのは高齢者看護ですので，どのような講義や実習が行われるのか，期待をしています。

具体的にどのような活躍をしたいのかは明確ではないが，興味のある領域はわかった。これから本校で学びを深めていくのだろうな。

まだ具体的には決めていません。医療の現場で働きたいと考えています。

具体的な目標を持って本校に来るのではないの？それがないのなら進学する必要はないよ。

アドバイス

　キミが，自分の将来についてきちんとした目標を持っているかどうかを見る質問です。ですから，答えとしては，将来就きたい職業，職場，専門，診療科について，ある程度具体的に説明できるようにしておきたいものです。まだ具体的に決めていない場合は，「患者の方のケアをする仕事」「人々の命を守る仕事」など，少なくとも**将来に描いている進路の方向は明らかにし**，それに対する**キミの意欲をアピールする**ことが大切です。「決めていません」「わかりません」などという回答はよくありません。

テーマ6　自分自身に関する質問

ケース 6-1　あなた自身について，簡単に教えてください。

キミ自身の性格や長所，さらにはつねに心がけていることなどを中心にして，自己アピールをします。そのため，次の2点を忘れてはいけません。

① プラス面を強調する。これまでの部活動や学校行事などの中で体験した<u>具体例と結びつけて説明</u>すると，より説得力が増す。

② マイナス面しか思いつかないときは，プラスの表現に変える。
（優柔不断→優しい，不器用→地道に取り組める，など）

私はいつも，<u>自分のいる位置を，自分の視点からだけでなく他人の視点からも見る</u>ように努力しています。そのおかげで<u>高校での部活動や委員会活動</u>では<u>協調性</u>を身につけることができました。その協調性を活かして，貴校では友だちをたくさん作り，専門学校時代でしか味わえないいろいろな体験をしてみたいと思っています。

自分の長所をわかって，きちんとアピールできている。きっと充実した専門学校生活を送れるだろう。

私は，<u>何にでもコツコツと取り組める性格</u>だと思います。<u>美術部では畳2枚分の大きな油絵に取り組み，半年がかりで完成させました。</u>こういう経験から，地道な取り組みを続けることで，困難も乗り越えられることを学びました。

努力家で，体験から地道に取り組むことの大切さを学んでいる。困難なことがあっても乗り越えてくれるだろう。

友人に頑張り屋だと言われたことがあるので，そうなのかなと思っています。

友だちに言われたからと言うけど，キミ自身の視点や基準は持っていないの？

面接官は，できるだけキミのよいところを見抜きたいと思っているので，積極的に自分の長所を述べればよいのです。そのため，たとえば，「消極的な性格」というような**マイナス面を言うとき**でも，「周りの人のことを考えた行動ができる」などのように，プラス面でとらえ直すことも考えましょう。

ケース 6-2 今までで一番感動したことは何ですか。

所属していたサッカー部が，県大会で優勝したことです。毎日の練習は辛いこともありましたが，それを乗り越えて頑張った結果が最高の形となって出たことに感動しました。

すばらしい結果を生むには，地道な毎日の取り組みが必要だと，きちんとわかっているね。

特に感動するようなことはありませんでした。

高校の3年間，何をして過ごしていたんだろう。

自分の身近な話題でかまいません。感動した本や映画について話すのもよいでしょう。ただし，どの話題でも，「感動しました」と述べるだけではなく，どんな部分に感動したのかもきちんと答える必要があります。**具体的に説明**できるように準備しておきましょう。

ケース 6-3 将来なりたい人間像について聞かせてください。

すぐにあきらめず，最後までやり通す人になりたいと思います。高校の3年間所属した陸上部では，毎日の練習の積み重ねでよいタイムを出せるようになり，続けることの大切さを知ったからです。

口先だけで「私は最後まであきらめない」と言う受験生がいるが，この受験生は違うようだな。

りっぱな人になりたいと思います。

間違ってはいないが，漠然としていて，きちんと考えていないようだ。

　自分の理想像を，どうしてそうなりたいのかという<u>理由</u>も挙げて説明しましょう。**具体的な人物名**を出してもよいでしょう。NG回答例のように，**あいまいな答え**だと，**深く考えていない**と思われます。また，「お金持ちになりたい」といった答えは面接官に悪い印象を与えますから，避けましょう。

テーマ7　尊敬する人に関する質問

ケース 7-1 尊敬する人は誰ですか。

　物語や漫画などの中に登場する架空の人物ではなく，実在する人で答えましょう。そのため，次の2点を忘れてはいけません。

① 歴史上の人物だけではなく，先生，友だち，先輩，あるいは自分の親など，身近な人を答えてもよい。

② なぜその人を尊敬するのか，その理由をできるだけ具体的に説明する。

１年生のときに，部活動の副キャプテンをされていた〇〇さんです。〇〇さんは，誰も見ていないところでも真剣に練習に取り組んでいらっしゃいましたし，後片づけもいつも進んでされていました。そうしたところを尊敬しています。

身近なところに手本とする人がいてよかったね。いいところはどんどん見習ってほしいものだ。

私は，母をとても尊敬しています。尊敬と言うと少し大げさかもしれませんが，母はいつも笑顔を絶やさず，私たちの毎日を見守ってくれています。私も母のように明るくて，いつも笑顔を忘れない人になりたいです。

自分の母親を尊敬できるというのは，親子のどちらにとっても幸せなことだ。よい家庭が築かれているのだろうな。

漫画の『〇〇』の主人公です。どのような相手にも勇気を持って立ち向かい，仲間を大切に思うところはかっこよく，尊敬しています。

漫画の主人公ねえ…。少しがっかりだなあ。

アドバイス

　なぜその人を尊敬しているのか，理由まではっきり答えられるようにしておかなければなりません。また，**自分もそのような人になるために努力していること**をつけ加えておくと，尊敬している程度がより強く伝わります。なお，尊敬できる人がまだ見つかっていない場合には，**「進学後の生活の中で尊敬できる人を見つけて，私もそのような人になれるよう努力したいと思っています」**のような前向きな姿勢を示しておきたいものです。

テーマ8　長所と短所に関する質問

ケース 8-1　あなたの長所は何ですか。

処方せん

　専門学校の入試面接に限らず，面接試験ではよくされる質問です。次の2点に注意してまとめておきましょう。

> ① 前もって自分の長所を整理しておく。
> ② 長所が思いつかないときには，両親や兄弟，あるいは先生や友だちなどに尋ねてみる。

　なお，答えたあとに，「では，具体的なエピソードを述べてください」とか，「その長所を今後どう活かしたいですか」などと問われることがありますので，こちらの答えも準備しておくようにしておきましょう。

GOOD 模範回答例

私の長所は，<u>物事に対して積極的に取り組めるところ</u>だと思います。高校では，いろいろな行事で必ず委員などの責任ある仕事を引き受け，積極的に活動を行ってきました。

自分から「積極的」と言えるのだから，よほど自信があるのだろう。本校に入っても，その力を発揮してくれるかな。

GOOD 模範回答例

<u>人と接することが苦にならないところ</u>だと思います。そのため，新しい環境でも多くの人とすぐに友人になれます。

コミュニケーション能力があるようだな。医療職に向いているかもしれない。そのコツは何だろう。尋ねてみたいな。

BAD NG回答例

友人にはよく聞き上手だと言われます。あと，我慢強くて，性格が明るいところです。

まとまりがなくて，よさがわかりにくいなあ。

自分のよいところを自覚しているか，自分をしっかりアピールできる点を持っているかを見るための質問です。どうしても答えが抽象的になりがちなので，エピソードなどを添えると面接官にイメージしてもらいやすくなります。**長所がいくつかあるときは，的をしぼって話します。**あまりたくさんの長所を話すとまとまりがなくなり，かえって**印象がうすくなります。**

ケース 8-2　他人から注意されて，直したいと思っているところはありますか。

GOOD 模範回答例

　母から，集中力に欠けるところがあると言われます。特に，勉強するときにその傾向が強く出るので，まず簡単な計算問題を解いて集中力を高めてから，勉強するように心がけています。

> 集中力を高めるのは難しいことだが，自分なりの工夫で克服しようとしているな。

BAD NG回答例

　注意されたことはあるのですが，私自身はそう思っていないので，直すと言ってもどうしてよいのかわかりませんでした。

> 他人は冷静に見ているものだよ。もっと謙虚になって注意を聞いたほうがいいね。

　これは，自分の弱い面やよくない面が自覚できていて，それを直していきたいという意識や意欲があるかどうかを見るための質問です。**短所のない人間はいません**ので，「直したいところはないです」と答えるのは不自然です。なお，短所について話すときは，どうしても下を向いたり，声が小さくなったりしてしまいがちですが，直す気持ちがあることを強くアピールするためにも，**自信を持って答えるように**してください。

テーマ9 特技や趣味に関する質問

 9-1 あなたの特技は何ですか。

たとえば，特技として単に「料理が得意です」と述べるだけでは，上手なアピールの仕方とは言えません。次の2点に気をつけると，効果的です。

> ① 行動力があることや熱心に努力したことを強調する。
> ② これからも続けて，特技をいっそう磨いていきたいという意欲を述べる。

特技は書道です。小さいときは，それほど習字が好きではなかったのですが，母の勧めで習いに行き始めてから，どんどん好きになっていきました。おかげで，これまでに何回か大きなコンクールにも入選しています。

どんどん好きになっていったということから，それだけ努力したことが伺えるな。

スノーボードが特技です。始めて3年くらいになりますが，難度の高い技もかなり多くできるようになりました。いつか競技会にもチャレンジし，入賞したいと思っています。

積極的に取り組んでいるようだな。競技会入賞を目指して，頑張ってほしいね。

どこでもすぐに寝られることです。皆も感心してくれています。

迷わず答えてくれたけど，これも特技になるのかな？

アドバイス

　　キミの特技を尋ねることで，秀でている面をキミ自身が自覚しているかどうかを見ようとしています。また，その内容を通してキミの性格や生活の様子を探る目的もあります。特技の定義はありませんが，テレビのバラエティー番組などで受けるような一発芸的なものは避けるほうがよいでしょう。

ケース **9-2** あなたの趣味は何ですか。

GOOD 模範回答例

　私の趣味は，料理をすることです。毎日母の料理の手伝いをしているうちに，上手になりました。これからももっと料理の腕を磨いていきたいです。

母親の手伝いを毎日しているとは感心だ。

GOOD 模範回答例

　趣味は囲碁です。小学校に上がる前，父から手ほどきを受けました。集中力をつけるのに非常に役に立ったと思います。また，インターネットを使って海外の人とも対局しています。これからも，もっと実力をつけて，段位を上げていきたいです。

ずいぶん長い間趣味を続けているようだな。集中力をつけることにも役立っているのか。

BAD NG回答例

　読書です。

よくある回答だ。好きな作家や作品は？これでは本当に好きなのかわからないな。

アドバイス

　　前の質問に関連したものです。こちらも自分の個性を印象づけられるものを答えます。そして，なぜ好きなのか，自分の思いを伝えましょう。**具体的なエピソード**に触れてもかまいません。

ケース 9-3　自慢できることが何かありますか。

私は高校で陸上部に所属し，毎日の練習を欠かさず行ってきました。その結果，県大会でもよい成績を取れるようになりました。足が速いことを自慢してもよいかなと思います。

キミの努力のたまものだもの，りっぱに自慢できるよ。

うーん。特にありません。

自分のことを肯定的に見ることができないのかな。このままだと心配だ。

アドバイス

　基本的には「特技」に関する質問と同じです。**外見上のことや隠し芸的なことがらは，入試面接での答えとしてはふさわしくありません。**また，「自慢するものがない」と回答をあきらめるのもよくありません。小さなことでもよいので，答えを用意しておきましょう。答えを用意しておかず，その場でも思いつかなかった場合は，仕方がないので「思いつきません」と答えた上で，**「もう少し自分自身を見つめてみたいと思います」**などと前向きな姿勢を見せておくとよいでしょう。

特技は，寝ることと食べること…。

いくらなんでもそれは…。

テーマ10　学業・調査書に関する質問

あなたの得意科目を教えてください。

処方せん

次の2点に注意すると，回答が深まります。

① 得意科目を答えるとともに，それに伴う実績などがあれば，答える。
② 得意になるために積み重ねた努力や，今後どうしていきたいのかなどについても述べる。

GOOD
模範回答例

得意科目は英語です。高校2年生のときに英語検定の準2級を取りました。将来，海外で活躍できるように，さらに英会話の力を高めたいと思っています。

実績もあるし，かなり得意だったんだな。将来的な展望も持っているし頼もしい。

GOOD
模範回答例

理科です。特に天文分野が得意です。小学校のときから父に連れられて天体観測によく行っていたので，好きになりました。高校では，天文分野と深い関係にある物理もしっかり勉強しました。

しっかりした答えだ。さらに，自分の得意分野の深め方までわかっている。この力は入学後の学習でも活かせるね。

BAD
NG回答例

国語の成績が比較的よいので，国語かなと思います。

得意と言うからには，そうであることを自覚しているものだと思うが，キミは自覚しているの？

得意科目は何かということを通して，キミの学習意欲を試す質問です。その意味で，**得意科目がないと答えるのは，あまり学習意欲が高くないと取られがちで感心しません**。一般的には，**成績のよい科目で，キミ自身が好きだと自覚していたり，興味を持っていたり**するものが得意科目と言えるでしょう。

ケース
10-2　あなたの苦手科目を教えてください。

数学が苦手です。計算問題はまだよいのですが，図形の問題や文章問題になると，間違ったり解けなかったりするものが多いです。専門学校に入ってチャンスがあれば，もう一度基礎からやり直してみたいと思っています。

どの分野がダメなのかが自覚できているのは救いだな。入学後，苦手な科目があっても頑張って克服してくれるだろう。

英語の先生がまるでよくなかったので，英語が苦手になってしまいました。

先生のせいにするというのはいただけないな。本当にそれが原因なの？

　苦手科目を知るということよりも，その科目に対する学習態度を見るための質問です。苦手科目はどうしても嫌いな科目になりがちですが，嫌いだからといって放置しておくのは，進学後の学習意欲がうすいと見られる危険性があります。**なぜ，苦手になってしまったのか，それを克服するにはどうすればよいと考えているのかについて具体的に述べる**ようにします。

2年生のときに欠席や遅刻が多いようですが，どうかしたのです
か。

GOOD
模範回答例

私は，高校2年生の5月に自転車に乗っていて交通
事故に遭い，右足を骨折したために手術をしました。
長期の欠席は，その入院とその後のリハビリのため
です。退院してからも，週に1回は病院に通わなけ
ればならなかったため，遅刻も多くなってしまいま
した。

そうか，そういう理
由があったのか。仕
方がないな。

BAD
NG回答例

あまり学校に行く気になれなかったからです。

本校への入学後もそ
うなるんじゃないか
と心配だな。

アドバイス

　調査書には，高校3年間の成績や授業の出欠状況が書かれています。
面接官が指摘したことに対して，本当のことを答えましょう。このよ
うな質問をする意図は，入学後も遅刻や欠席が多くなるのではないか
と心配しているからです。**言い訳ではなく，安心してもらえるような
回答**をすることが必要です。

テーマ11　高校での部活動に関する質問

ケース 11-1　高校で何か部活動はしていましたか。

処方せん　まずは，部活動をしていたかどうかを答えます。

---

① 部活動をしていたのなら，具体的な活動内容や成果，また，部活動を通して身につけたことや学んだことについて，答えを準備しておく。

② 部活動をしていなかったのなら，していなかったと率直に答え，部活動に参加しなかった前向きな理由を用意しておく。

GOOD 模範回答例

中学校のときはパソコン部でしたが，体力づくりのため，高校ではバスケットボール部に変わりました。練習はきつかったですが，体力をつけることのほか，仲間との信頼関係を築くこともできたため，とてもよかったと思っています。できれば，専門学校に入ってからもバスケットボールを続けていきたいと思っています。

部活動に参加した目的がはっきりしている。部活動を通して，精神的にも肉体的にも成長したことがよくわかるね。

GOOD 模範回答例

部活動はしていません。水泳部に入りたかったのですが，私の高校にはなかったので，小学校から通っているスイミングスクールに続けて通いました。おかげで，水泳を12年間続けることができ，体力がついただけでなく，飽きることなく継続するという自信がつきました。

高校の部活動でなくても，充実した課外活動の時間を送っていたようだ。

BAD NG回答例

部活動はやっていませんでした。興味がある部がなかったからです。

じゃ，キミの興味は何だい？　ちょっと後ろ向きの答えで，よい印象は持てないな。

この質問を通して，**キミが部活動をどのように見ていたのか**，また，部活動を通して得たものを認識できているかどうかを見ようとしています。部活動での体験などをもとに，どのような**工夫や努力**をし，どのようなことを得たのかきちんと説明できるようにしておかなければなりません。もし**活動していなかった**のなら，その旨を伝えた上で，**興味を持って取り組んできたこと**を述べましょう。

テーマ12　高校生活に関する質問

| ケース 12-1 | 高校生活で最も印象に残っていることは何ですか。 |

キミの高校生活が充実したものであれば，印象に残っていることはすぐに答えられるはずです。最も印象に残っていることを聞かれているので，次のことに気をつけましょう。

話す内容は**1つにしぼり**，多くのことをあれもこれも述べることはしない。

高校1年生のときに，校内の合唱コンクールで金賞を取ったことです。コンクールの3か月くらい前から練習をしてきましたが，歌詞を解釈した上で，いかにそれを声で表現するのか，皆で議論を重ねたことが印象的でした。その成果が最高の形となって表れて，とてもうれしく思いました。

学校行事にしっかり参加して，結果を出すことができたわけか。クラス全体がまとまったのだろうな。

高校２年生のときの修学旅行です。私の高校では，現地の魅力を理解するため事前学習を重ねます。歴史的な経緯や文化を事前に学ぶことで，旅行の間にその土地のことを深く知ることができました。また，現地の方とふれ合ったときには，地元の人しか知らないようなおもしろい観光スポットを紹介してもらうなど，インターネットでは調べられなかった情報を得ることができ，貴重な経験ができました。

修学旅行は大きな行事だから印象に残っている人も多いだろうな。しっかり学んだ上で旅行ができてよかったね。

父と魚釣りに行って，50cmのバスを釣ったことです。あのときの手応えは，今もしっかり残っています。

確かに高校時代の経験かもしれないけど，学校生活に直接関係したことで，ほかに何かないかな。

　　高校生活で心に残っている印象深い出来事を聞くことにより，キミが高校生活で得たものを自覚できているかどうかを見ようとしています。高校生活に直接関係した出来事について答え，学校生活とは直接関係のないものは避けましょう。また，たとえ印象に残っていても，「定期試験がダメだった」「部活動が辛かった」など，**マイナスイメージの強い内容は避けたほうが賢明**です。

テーマ13　社会的な出来事に関する質問

ケース 13-1　新聞やテレビのニュース番組を見ていますか。

　　それらを見ているか見ていないかを答えてから，見ている場合には，次の２点も答えます。

① どのような内容の記事（政治，経済，国際，教育，地域の問題など）に注目して見ているのかを述べる。
② それらをどういった見方をしているか（読むだけ，切り抜きをする，わからない言葉を自分で調べるなど）を説明する。

両方とも見ています。新聞は，政治や経済など理解するのが難しい部分は父に聞きます。また，宇宙についての記事など，自分の興味のある部分は切り抜いたりしています。テレビは，学校から帰ってきてから夕食までの間に，ニュース番組を少し見ています。

あまり新聞に目を通さない若者が増える中，これは立派だな。興味のある部分は切り抜いているというのは感心だ。

新聞は，スポーツ欄以外はあまり見ませんが，テレビのニュース番組はできるだけ見るように心がけています。番組で流れているニュースについて，家族で話し合うことも時々あります。

ニュースの内容について家族で話し合うこともあるって，よいことだね。生きたよい勉強になることだろう。

新聞はテレビ番組欄とスポーツ欄は見ますが，ほかは見ません。テレビもニュース番組は見たことがありません。アニメとサッカーぐらいです。

少しは社会の動きについて関心を持ってもいいのじゃないかな。

アドバイス

積極的に「新聞やニュースを見ている」という方向で回答を考えておきましょう。「興味がない」「テレビ番組欄やスポーツ欄しか見ない」といった回答では評価は望めません。**日頃から新聞やテレビのニュース番組をチェックし，自分の興味のある部分については，自分の意見や感想を簡単にまとめておくくらいはしておきたいものです。**

ケース 13-2 最近，気になっている社会的な出来事は何ですか。

外国に多いのですが，同じ国家内での民族間の紛争が気になります。なぜそのようなことが起きてしまうのかよくわかりませんが，きっとそう簡単には解決できない難しい問題が，根本にあるのだろうと思います。

多くの民族がひとつの国家を作っていると，どうしてもこういう問題が起こりがちだ。こういう他人を思いやる精神は，看護医療の根本だね。

選挙権の年齢が18歳まで引き下げられたことです。私たちのような若い世代が選挙に行き，政治に参加するべきだと考えます。私も，もう投票できるわけですから，私たちの生活がよくなるような政策を掲げている候補者を選ぶために，入学後も，新聞や本を読み，社会に関心を持ち続けたいと思います。

若者も積極的に社会情勢を見ていかなくてはいけないということがわかっているね。頼もしいな。

特にありません。

社会の動向に関心がないのだろうか。このような態度では困るな。

アドバイス

　前の質問と同様，キミの社会に対する興味や関心の度合いを見るための質問です。単に見たり聞いたりした内容をそのまま伝えるのではなく，「どういう点が問題なのか？その原因は？」「どうすれば解決できるのだろうか？」というように，自分なりの考えを説明できるようにしておかなければなりません。だからといって，新聞の記事を丸暗記するのはよくありません。それらを参考にするときでも，自分の言葉にしてまとめ直しておく必要があります。

item 27　入試面接を再現する

　ここでは，面接試験がどのように行われているかを紙面上で再現しました。実際の面接を想像しながら読んでください。

評価される内容は下の表のようになります。よく理解しておいてください。

 面接の評価

評価項目 ＼ 評価基準	A	B	C
① 入学に対する意欲 ・本校の特徴を理解しているか。 ・将来の展望を持って入学を希望しているか。	本校の特徴を十分に理解していて，将来の展望をはっきりさせて入学を希望している。	本校の特徴を十分に理解していない，もしくは将来の展望がはっきりしていない。	本校の特徴を十分に理解しておらず，将来の展望もはっきりしていない。
② 受験生の能力 ・これまでに能力や知性を身につけてきたか，これから身につけようとしているか。	高校時代に能力や知性を身につけてきており，これからも身につけようという意志を持つ。	持っている能力や知性は物足りないが，これから身につけようという意志を持つ。	高校時代に身につけるべき能力や知性は物足りず，これから身につけようという意志も見られない。
③ 学習意欲の有無 ・入学後の学習に意欲を感じるか。	学習意欲が高い。	学習意欲は感じるものの，高いとは言えない。	学習意欲がない。
④ 理解力 ・質問に適切に答えられたか。	質問に適切に答え，「なぜそう言えるのか」という理由を示せている。	質問に適切に答えているが，「なぜそう言えるのか」という理由が示せていないことがある。	質問に適切に答えられず，「なぜそう言えるのか」という理由も示せていない。
⑤ 人間性 ・高校生としてふさわしい言葉づかいや振る舞いをしているか。	高校生としてふさわしい言葉づかいや振る舞いをしている。	高校生としてふさわしい言葉づかいや振る舞いをしていないことがある。	高校生としてふさわしい言葉づかいや振る舞いをしていない。

まずは**個人面接**からです。
　　受験生：看護学科志望のAさん
　　面接官：T₁先生，T₂先生の2名
準備不足のAさん，どんなところでつまずいているのでしょう？

T₁先生	次の人，どうぞ。
Aさん	〈ノックをし，入室する〉 失礼します。○○高等学校のAです。よろしくお願いします。
T₁先生	どうぞ，おかけください。
Aさん	ありがとうございます。 〈着席する〉
T₁先生	では，早速質問します。あなたの志望動機を教えてください。
Aさん	❶はい。私が子供のころ，看護師さんに出会いました。そのときにやさしく接してくれたことが忘れられず，憧れを抱きました。私はその看護師さんのようになるのが夢で，看護師になろうと思いました。
T₂先生	え？あなたは，幼いころの憧れだけで看護師を目指そうとしているのですか？
Aさん	いえ，そうではありません。❷私の母が看護師をしていて，看護師の仕事の大変さについて，話をしているのを聞いています。大変だけど，やりがいがあると聞いていて，私もそういう仕事をしたいと思っています。
T₂先生	では，お母さまから聞いている看護師の魅力とはどういうものですか。

❶この種の回答はありがちです。看護師の実際の仕事について，理解していないように聞こえます。また，憧れだけで看護師になろうと思っているように見えます。医療職は多忙で，体力的にも精神的にも厳しい仕事ですから，憧れだけで志している人は疑問を抱かれることでしょう。

❷ありがちな回答です。「大変だけど，やりがいがある」というものの，その内容を本当に理解しているのかが気になるところです。具体的に，どういうことが大変で，どこにやりがいがあるのか，ということをヒアリングしておくとよかったのではないでしょうか。

Aさん	❸患者さんに「ありがとう」と言われるときだと聞いています。私もそういう看護師になれるように，頑張りたいです。
T₂先生	うーん。どういうときに「ありがとう」と言われたと聞いていますか。
Aさん	患者さんをケアしたときだと聞いています。
T₂先生	❹うーん…。わかりました。別の質問をします。この学校をどのようにして知りましたか。
Aさん	高校の進路説明会で知りました。
T₁先生	では，なぜ本校を選んだのですか。
Aさん	❺オープンキャンパスの雰囲気がよかったことと，施設がきれいだったところがよいと思ったからです。
T₁先生	そうですか。雰囲気がよかったとのことですが，どういうところですか。
Aさん	はい。先輩たちがやさしくしてくださり，先生方も親切で，講義もおもしろかったからです。
T₁先生	先輩たちや先生方がやさしいと言っていますが，どういうところですか。
Aさん	先輩たちは「看護の実習は大変だけれど，いい経験になるから頑張って」と励ましてくださいました。先生方には「たくさん学ぶことはあるけれど，しっかり勉強すれば大丈夫」と言われました。私に自信をつけてくださったところです。
T₂先生	うーん。その話は，本校で学ぶこととどうつながるのですか。
Aさん	えっと。❻やさしい先輩や先生がいれば，大変な勉強や実習も頑張れると思いました。

❸返答内容に深みがありません。感謝の言葉がお母さまからのどういう行動から生まれたものなのか，深く尋ねておらず，本当に看護師という仕事に関心があるのか疑わしく思われても仕方ありません。ここは具体的な内容が答えられるように準備しておく必要がありました。

❹質問を投げかけても，核心を突く答えが引き出せませんでした。時間の都合もあるので，次の質問に移ったと思われます。

❺ありがちな答えです。しかも，この返答は「専門学校は既存の技術を身につける場である」ということと結びつかず，Aさんに，本当に学ぶ意識があるのかがわかりません。学校の雰囲気や施設のきれいさと学びは結びつきにくいです。

❻とりあえず返答したように見えます。そもそも，オープンキャンパスで出会った先輩とともに学ぶ機会があるかどうかわかりません。

T₂先生	やさしい先輩とともに学べるとのことですが，それは本当に学べると思っているのですか？
Aさん	は，はい。そう思います…。
T₂先生	本当に？… まぁ，いいです。では，❼看護体験をしたことはありますか。
Aさん	はい。あります。
T₂先生	では，どのようなことをしましたか。
Aさん	車いすの介助体験と，患者さんをストレッチャーでお迎えする体験です。看護師さんの行動を後ろから見学するということもやりました。
T₂先生	そのとき，看護師が患者さんと接しているのを見てどう思いましたか。
Aさん	❽患者さんに声をかけることが多いと思いました。病室の患者さん一人ひとりに声をかけ，様子を聞いていました。すごいと思いました。
T₂先生	うーん。…わかりました。私からは以上です。
T₁先生	では，私から。あなたが看護師に向いているところ，向いていないところをそれぞれ答えてください。
Aさん	私が看護師に向いているところは，明るく❾何事にも前向きなところです。一方で，向いていないところは…ありません。
T₁先生	何事にも前向きなのですか。看護の世界は，病に苦しむ患者さんや死と向き合わなければならないこともあり，体力的にも精神的にも厳しいですが，それでも頑張れますか。
Aさん	はい。頑張れます。

❼医療職の面接では，職業体験の有無を尋ねられることが多いです。積極的に体験をしに行っておくとよいでしょう。

❽患者さんに声かけをすることは当たり前ですから，「すごい」という感想で終えてしまっていて，深い洞察がなされていないように読み取れます。看護師に「どのような意図で声かけをしていたのか」と質問を投げかけるなど，看護体験では積極的に情報収集しておきたいものです。

❾「何事にも」という言葉を軽々しく言うことは本当によかったのでしょうか。人は前向きになれないことも多々あります。そうした説得力のない言葉を用いてしまうことは，あまり好ましいとは言えません。

| T₁先生 | なぜそう言えるのですか。 | |

| Aさん | ❿…今まで何事にも前向きに取り組んできました。その気持ちがあれば大丈夫です。 | ❿結局，理由を明確に述べることができませんでした。自らが発する言葉に責任を持ってほしいところです。 |

| T₁先生 | …わかりました。面接はこれで終わりにします。お疲れさまでした。 | |

| Aさん | ありがとうございました。〈お辞儀をして退出〉 | |

●面接の結果

①入学に対する意欲	②受験生の能力	③学習意欲の有無	④理解力	⑤人間性	総合評価
B	B	B	B	A	B

（*p.125* の表による）

●総　評

　志望理由はそれなりに示しているものの，よくある一般的な内容に終始し，魅力的な受験生には見えませんでした。また，返答する内容が表面的で，誰でも答えそうな内容に終わっていました。じっくり考えて看護師を目指しているようには感じられず，志望校についての深い興味があるようにも思えません。ごくありがちな高校生という印象で，積極的に合格させようとは思えません。一方，不合格にする要素も特にないので，他の受験生の様子を見て最終的に合否を判定しようと考えたくなる受験生です。

悪くはないんだけど，いまひとつ熱意が伝わらない回答ね…。

次は**集団面接**です。
　　　受験生：理学療法学科志望のBさん，Cさん，Dさん
　　　面接官：T₃先生，T₄先生の2名
　あいまいな回答のBさん，適切な回答ができているCさん，論外な
Dさん，どこに違いがあるのでしょう？

T₃先生	では，次の方どうぞ。

〈Bさん，Cさん，Dさんが入室。3人とも座席の横に立つ〉

T₃先生	では，左の人から，受験番号と名前を言ってください。
Bさん	受験番号10番，Bです。よろしくお願いします。
Cさん	受験番号11番，Cです。よろしくお願いします。
Dさん	受験番号12番，Dです。よろしくお願いします。
T₃先生	では，おかけください。

〈全員着席する〉

T₃先生	それでは，面接試験を始めます。面接官が質問をしますので，左の人から順番に同じ質問に答えてください。もしかしたら，先の人と同じ答えになるかもしれませんが，その場合でも気にせずに，思ったことを答えてください。では，本校を志望した理由を聞かせてください。
Bさん	はい。❶設備が充実していることと，建学の理念にひかれたからです。
T₃先生	…それで終わりですか？では，Cさんはどうですか？

❶志望校を選んだ理由については，もう少し丁寧に答えたほうがよかったと思われます。多くの学校と比較した上で受験校を第一志望として選んだことをアピールできるとよかったですね。

Cさん	❷私は，アスリートをサポートする理学療法士として活躍したいと考えています。なぜなら，アスリートの選手生命をできる限り延ばし，彼らの人生を支えていきたいという目的があるからです。そのためには，アスリートのけがの予防から処置の仕方まで順序立てて学ぶことができるカリキュラムを持つ貴校で学ぶことが必要だと考え，志望しました。	❷どういう理学療法士になりたいのか，その理由は何か，志望校をなぜ選んだのかが，一貫して述べられています。こうした回答は理想的だと思われます。
T₃先生	わかりました。では，Dさんはいかがですか？	
Dさん	❸家から近いことと，3年で卒業できるからです。早く現場に出て仕事をしたいので，専門学校を選びました。	❸Cさんと比べ，自己中心的な理由を掲げており，医療者としての適性を疑うような内容になっています。
T₃先生	…はい。わかりました。では，別の質問をします。理学療法士になろうと思ったきっかけは何ですか。では，Bさん，お願いします。	
Bさん	❹私が中学校のときにけがをしたとき，理学療法士の方にお世話になったことがきっかけです。	❹あくまでもきっかけが問われているので，昔の話でもかまいません。
T₃先生	では，なぜ理学療法士になりたいと思ったのですか？	
Bさん	❺その理学療法士の方は根気強く私のけがを治してくださいました。その姿に共感して，理学療法士を目指しました。	❺ありがちな回答です。Bさんがどう思考して理学療法士を目指したのか，よくわかりません。
T₃先生	…時間もないので，次の方，お願いします。	
Cさん	❻私は高校1年生のときにアキレス腱を断裂するけがをしました。リハビリに専念しましたが，そのときの理学療法士の方は私と話をする中で，アキレス腱が断裂した原因を探り続けていました。詳しく聞くと，どこに負荷がかかっているのかを探り，再発を防止するためだとのことでした。けがに悩むアスリートにとって，理学療法士は，リハビリだけでなく再びけがをしないようにサポートする仕事をしていると気づきました。私はアスリートを支える仕事に就きたいと考えていましたが，けがの予防にも役立てるのが理学療法士だと考え，志しました。	❻体験を整理し，どのようなところに理学療法士の魅力があるのかを述べることができています。しかも，実際に理学療法士に出会わないと気づけないことに着目しています。また，Cさんの「アスリートを支える」という目的を達成するための仕事として理学療法士を捉えている点もよいですね。

T₃先生	わかりました。それでは，Dさんはどうでしょうか。
Dさん	えっと…。❼私は血を見るのが苦手なので，看護師には向かないと思いました。また，スポーツをしているので，それに関わる仕事に就きたいと思ったのは❽Cさんと同じです。
T₃先生	❽Cさんと同じとは？
Dさん	部活動でけがをしたとき，柔道整復師の人に直してもらったからです。
T₃先生	え？理学療法士の話ではないの？
Dさん	理学療法士の仕事は❾インターネットで調べて，決めました。
T₃先生	では，理学療法士の人に会ったり，話を聞いたりした経験はないの？
Dさん	…ありません。
T₃先生	では，なぜ柔道整復師ではなく，理学療法士を目指したの？
Dさん	…就職率がいいと聞いたからです。
T₃先生	え？柔道整復師の学校でも就職率がいいところはあるよ？
Dさん	…えっと。❿勉強不足なので，家で調べてきます。
T₃先生	…わかりました。T₄先生，何か質問はありますか？
T₄先生	では，好きな科目と苦手な科目について教えてください。Bさんからどうぞ。

❼消去法で職業を選ぶのは，消極的な印象を与えます。なぜ理学療法士なのか，その理由を明確にしておきたいものです。

❽同じ回答を述べるなら，もう一工夫したいところです。Cさんとは別の体験をして理学療法士を目指したのですから，自分の体験を織り交ぜながら論じるとよいでしょう。

❾医療者に直接話を聞く機会を設けておくほうがいいですね。インターネットで調べただけで職業を決めるという姿勢は，本気でその仕事に就きたいという意志を感じられず，印象があまりよくありません。

❿答えられないときはその旨を面接官に伝えてもかまいませんが，これは，調査不足の状況で職業を選んだことが露骨にわかる回答なので，巻き返しは難しいと思われます。

Bさん	私は美術が得意で，物理が苦手です。もともと絵を描くことが好きだったので，美術の授業も楽しく取り組めました。⑪物理は，計算が苦手でいつもミスをしてしまうからです。
T₄先生	では，Cさんはいかがですか。
Cさん	私は数学と物理が得意です。⑫特に力学が得意で，理学療法士になったときには，けがをしやすい部位にかかる負担を考えるときには役立ちそうだと思いました。苦手な科目は特にありません。
T₄先生	わかりました。ではDさんは？
Dさん	⑬基本的に勉強はどれも得意ではありません。成績もあまりよくないので，得意科目と言われても，何も言えません。苦手な科目は生物です。⑭そのときに担当になった先生との相性が悪かったです。
T₄先生	うーん。わかりました。では，⑮最後に本校に入学するに当たって，アピールしたいことを述べてください。では，Bさんからどうぞ。
Bさん	⑯私は理学療法士になるために，貴校で一生懸命がんばります。よろしくお願いします。
T₄先生	では，Cさん。
Cさん	⑰はい。私は理学療法士の仕事を通して，アスリートができる限り現役で活躍する時間を延ばせるようにしたいと考えています。そのためには，メディカルスポーツの科目やカリキュラムが充実している貴校に入学することが最も私の実現したい世界づくりに適していると考えました。貴校で学ぶことによって，私の思いを実現できればうれしいです。どうぞよろしくお願いいたします。
T₄先生	わかりました。では，Dさん。

⑪理学療法士として活躍するときに役立つ物理が苦手と発言することは，不利にならないでしょうか。この質問に回答をするときは，進学する学科とのつながりを意識し，どの教科を示すべきかを意識しましょう。

⑫医療職と科目との関連性を上手に述べています。

⑬入学後に本当に学んでくれるのか，不安になる回答です。

⑭勉強ができない理由を他者に委ねる姿勢は感心できません。

⑮よくある質問です。アピールの内容は簡潔にまとめておきましょう。

⑯シンプルにまとめているとは思いますが，他の受験生と差がつく回答とは言い難いです。自分の体験を盛り込んだり，志望校の学びについて触れたりしながら，志望校に入学したいという思いを伝える工夫をしたいところです。

⑰志望動機を再びまとめ，熱意を述べています。こうしたまとめ方で終えるのもよいと思われます。

Dさん	えっと, ⑱聞きたいことでもいいですか?
T₄先生	…はい。いいですよ。
Dさん	こちらの学校の就職率はどれくらいですか?
T₄先生	…ほぼ全員が就職しますよ。
Dさん	え,「ほぼ」ということは, 就職できないこともあるのですか?
T₄先生	もちろんあります。単位を取得できなければ卒業できませんし, 資格取得もできませんから。稀にあります。
Dさん	そうなんですね…。私でも就職できると思ったのですが。
T₄先生	それはあなた次第だとは思いますが。
Dさん	はい。わかりました。
T₄先生	最後に何か言っておきたいことはありますか?
T₄先生	ないようですね。 これで, 面接を終了します。お疲れ様でした。

〈全員が起立し, お辞儀をして退出〉

⑱質問を変えてしまうことは, 適切とは言えません。聞かれたことに答えましょう。

● 面接の結果

	①入学に対する意欲	②受験生の能力	③学習意欲の有無	④理解力	⑤人間性	総合評価
Bさん	B	B	B	B	A	B
Cさん	A	A	A	A	A	A
Dさん	C	C	C	B	B	C

(p.125 の表による)

● 総　評

　Cさんはすべての質問に対して，理由を添えながらしっかりと答えることができていました。一方，Bさんは極端に問題のある回答をしているわけではありませんが，ありがちな回答に終始しており，積極的には合格させない学校もあるかもしれません。Dさんは準備不足で，学習態度も芳しくない様子ですので，合格は厳しいでしょう。

④

Profile 著者紹介

神﨑 史彦 （かんざき ふみひこ）

カンザキメソッド代表。法政大学法学部法律学科卒業後，大手通信教育会社にて国語・小論文の問題作成を担当するかたわら，大学受験予備校や学習塾で指導する。東進ハイスクール・東進衛星予備校を経て，現在，リクルート・スタディサプリで講師を務めるほか，全国各地の高校・大学において小論文関連の講演や講義を行い，受講者数は10万人を超える。小論文指導のスペシャリスト。また，21世紀型教育を推進する私学の団体21世紀型教育機構（21stCEO）にてリサーチ・フェローを務める。総合型・学校推薦型選抜対策塾「カンザキジュク」を運営。多数の早慶上智 ICU・GMARCH・国公立の合格者を輩出している。『大学入試　小論文の完全攻略本』『大学入試　小論文の完全ネタ本改訂版（医歯薬系／看護・医療系編）』『同（社会科学系編）』『同（人文・教育系編）』『同（自然科学系編）』『志望理由書のルール（文系編）』『同（理系編）』『看護医療系の志望理由書・面接』（以上，文英堂），『特化型小論文チャレンジノート　看護・福祉・医療編』『志望理由書・自己ＰＲ文完成ノート』（以上，第一学習社），『ゼロから１カ月で受かる大学入試面接のルールブック』『ゼロから１カ月で受かる大学入試小論文のルールブック』『ゼロから１カ月で受かる大学入試志望理由書のルールブック』（以上，KADOKAWA）など著書多数。

［連絡先］塾　カンザキジュク
https://kanzaki-juku.com
E-mail:info@kanzaki-method.com

カバーデザイン	はにいろデザイン
紙面デザイン	福永重孝　はにいろデザイン
イラスト	江村文代　よしのぶもとこ

シグマベスト

看護医療系の志望理由書・面接

本書の内容を無断で複写（コピー）・複製・転載をすることは，著作者および出版社の権利の侵害となり，著作権法違反となりますので，転載などを希望される場合は前もって小社あて許諾を求めてください。

© 神﨑史彦　2017　　　　Printed in Japan

編著者	神﨑史彦
発行者	益井英郎
印刷所	中村印刷株式会社
発行所	株式会社　文英堂

〒601-8121　京都市南区上鳥羽大物町28
〒162-0832　東京都新宿区岩戸町17
（代表）03-3269-4231

●落丁・乱丁はおとりかえします。